Jean-Charles Volk

Agrégé d'histoire

Généalogies des rois et chronologie de l'Histoire de France

Illustrations des éditions Gisserot
Photographies de Jean-Paul Gisserot
et de Christophe Renault

Louis IX

Henri IV

Louis XIV

Napoléon Ier

Louis XVI

Napoléon III

En première de couverture : Versailles, Bonaparte, Henri IV, les Invalides, le pont du Gard, Louis XIV.
En quatrième de couverture : la Conciergerie, Mausolée de Louis XVI et Marie-Antoinette à Saint-Denis, la Tour Eiffel, le Louvre, Château-Gaillard aux Andelys, l'Arc de Triomphe.

EDITIONS JEAN-PAUL GISSEROT
10, rue Gracieuse - 75005 Paris

Rois, chefs d'État et régimes politiques français

DYNASTIE MÉROVINGIENNE

Clovis 1er	vers 481-511
Clotaire 1er	511-561
Clotaire II	584-629
Dagobert 1er	629-639
"Les rois fainéants"	639-751

DYNASTIE CAROLINGIENNE

Pépin le Bref	751-768
Carloman	768-771
Charlemagne	768-814
Louis 1er le Pieux	814-840
Charles II le Chauve	840-877
Louis II le Bègue	877-879
Louis III	879-882
Carloman	879-884
Charles le Gros	885-887
Eudes (Robertien)	888-898
Charles III le Simple	893-923
Robert 1er	922-923
Raoul (Robertien)	923-936
Louis IV d'Outremer	936-954
Lothaire	954-986
Louis V le Fainéant	986-987

DYNASTIE CAPÉTIENNE

Hugues Capet	987-996
Robert II le Pieux	996-1031
Henri 1er	1031-1060
Philippe 1er	1060-1108
Louis VI le Gros	1108-1137
Louis VII le Jeune	1137-1180
Philippe II Auguste	1180-1223
Louis VIII le Lion	1223-1226
Louis IX (saint Louis)	1226-1270
Philippe III le Hardi	1270-1285
Philippe IV le Bel	1285-1314
Louis X le Hutin	1314-1316
Jean 1er	1316
Philippe V le Long	1316-1322
Charles IV le Bel	1322-1328
Philippe VI de Valois	1328-1350
Jean II le Bon	1350-1364
Charles V le Sage	1364-1380
Charles VI le Fou	1380-1422
Charles VII	1422-1461
Louis XI	1461-1483
Charles VIII	1483-1498
Louis XII	1498-1515
François 1er	1515-1547
Henri II	1547-1559
François II	1559-1560
Charles IX	1560-1574
Henri III	1574-1589
Henri IV	1589-1610
Louis XIII	1610-1643
Louis XIV	1643-1715
Louis XV	1715-1774
Louis XVI	1774-1792

v. 481
Moyen Âge
1498
Époque moderne
1789

PREMIÈRE RÉPUBLIQUE : 1792-1799

CONSULAT : 1799-1804

PREMIER EMPIRE

Napoléon 1er	1804-1814 / 1815

RESTAURATION

Louis XVIII	1814-1815 / 1815-1824
Charles X	1824-1830

MONARCHIE DE JUILLET

Louis-Philippe 1er	1830-1848

DEUXIÈME RÉPUBLIQUE

Louis-Napoléon Bonaparte	1848-52

SECOND EMPIRE :

Napoléon III	1852-1870

TROISIÈME RÉPUBLIQUE

Adolphe Thiers	1871-1873
Mac-Mahon	1873-1879
Jules Grévy	1879-1887
Sadi Carnot	1887-1894
Jean Casimir-Périer	1894-1895
Félix Faure	1895-1899
Émile Loubet	1899-1906
Armand Fallières	1906-1913
Raymond Poincaré	1913-1920
Paul Deschanel	1920
Alexandre Millerand	1920-1924
Gaston Doumergue	1924-1931
Paul Doumer	1931-1932
Albert Lebrun	1932-1940

ÉTAT FRANÇAIS (régime de Vichy)

Philippe Pétain	1940-1944

GOUVERNEMENT PROVISOIRE

1944-1947

QUATRIÈME RÉPUBLIQUE

Vincent Auriol	1947-1954
René Coty	1954-1959

CINQUIÈME RÉPUBLIQUE

Charles de Gaulle	1959-1969
Georges Pompidou	1969-1974
Valéry Giscard d'Estaing	1974-1981
François Mitterrand	1981-1995
Jacques Chirac	1995-

Révolution
Empire
1815
XIXe siècle
1914
XXe siècle

La Préhistoire

v. - 1 800 000 :	présence attestée de l'homme dans l'espace français ; période du Paléolithique.
v. - 1 200 000 :	début des grandes glaciations.
v. - 1 000 000 :	L'Homo erectus pénètre sur le territoire français.
v. - 500 000 :	l'homme maîtrise le feu.
v. - 320 000 :	présence de l'Homo erectus à Tautavel.
v. - 100 000 :	l'homme de Néanderthal (La Chapelle-aux-Saints).
v. - 30 000 :	apparition sur le territoire français de l'homme moderne, l'Homo sapiens sapiens (homme de Cro-magnon).
v. - 20 000 :	apogée de l'art des cavernes, décoration de la grotte de Lascaux.
v. - 10 000 :	fin de la dernière grande glaciation.
v. - 9000 :	début du réchauffement du climat.
v. - 6000 :	début du Néolithique, l'homme devient cultivateur et sédentaire. Développement de l'usage de la poterie.
v. - 4500 à - 2000 :	culture mégalithique (dolmens, menhirs).

Alignement de Kermario à Carnac, Morbihan. ▲

▲ Grand plafond de la grotte de Rouffignac, Dordogne. Photo Plassard.

Dolmen de Kerguntuil, Côtes-d'Armor. ▲

Allée couverte de Liscuit I, Côtes-d'Armor. ▲

L'Antiquité

v. - 3500 :	début de l'âge du cuivre.
v. - 2000 :	début de l'âge du bronze.
v. - 700 à - 400 :	invasions des Celtes en Gaule.
v. -600 :	fondation de Marseille par des Phocéens.
- 125 à - 122 :	les Romains conquièrent la Provence. Fondation d'Aix-en-Provence.
- 118 :	fondation de la ville de Narbonne par les Romains.
- 58 à - 50 :	"Guerre des Gaules", le consul romain César conquiert tout le pays. En - **52**, il obtient la capitulation de Vercingétorix à Alésia.
- 43 :	fondation de Lyon, métropole des trois Gaules, par les Romains.
- 16 :	construction de la Maison carrée de Nîmes par les Romains.
v. 25 :	construction de l'amphithéatre d'Arles par les Romains.
48 :	admission des Gaulois au Sénat romain (Tables claudiennes).
v. 50 :	construction du pont du Gard par les Romains.
v. 60-70 :	construction de l'amphithéatre de Nîmes par les Romains.
177 :	persécution des chrétiens, martyre de sainte Blandine à Lyon. De nouvelles persécutions ont lieu en 257-258 et en 303-304.
212 :	l'édit de Caracalla accorde la citoyenneté romaine à tous les hommes libres de l'Empire.
253 :	invasions des Francs et des Alamans en Gaule (également en 256, 260, 270 et 274-275). Ils sont chassés par l'empereur romain Probus en 277.
260 :	fondation d'un Empire gaulois par Postumus (sécession jusqu'en 274).
313 :	l'empereur romain Constantin promulgue l'édit de Milan, qui accorde la tolérance religieuse, donc le libre exercice du culte chrétien.
v. 352 :	invasion de la Gaule par les Alamans et les Francs. Ils sont battus par le romain Julien en 357-358.
371-397 :	saint Martin, évêque de Tours, répand le christianisme en Gaule.
début Ve siècle :	grandes invasions dans l'Empire romain ; Vandales, Alains, Suèves, Wisigoths, Burgondes, Francs ravagent la Gaule et s'y installent.
milieu Ve siècle :	début de l'installation des Bretons en Armorique.
451 :	invasion des Huns avec Attila en Gaule. Résistance de sainte Geneviève à Paris. Attila est battu à la bataille des Champs catalauniques.
v. 455-470 :	les Alamans s'installent en Alsace.
476 :	le dernier empereur romain est détrôné, fin de l'Empire romain d'Occident.

La Maison carrée de Nîmes, Gard. ▲

Arc de Triomphe d'Orange, Vaucluse. ▲

Le Moyen Âge

Gisant de Childebert Ier tenant la maquette de Saint-Germain-des-Prés, Basilique de Saint-Denis, Seine-Saint-Denis. ▲

Les Mérovingiens

v. 481 : avènement de Clovis Ier, roi des Francs saliens de Tournai.
v. 486 : Clovis Ier bat Syagrius, dernier représentant romain en Gaule, à Soissons.
v. 493 : Clovis Ier épouse Clotilde. Il se fait baptiser à Reims v. 498.
v. 496 : victoire de Clovis Ier à Tolbiac sur les Alamans.
507 : victoire de Clovis Ier à Vouillé sur les Wisigoths.
v. 510 : publication de la loi salique (code de lois) par les Francs.
511 : mort du roi Clovis Ier et partage du royaume entre ses quatre fils.
v. 540 : rédaction de la Règle de saint Benoît de Nursie (règle bénédictine).
558-561 : l'unité du royaume franc est rétablie au profit de Clotaire Ier.
ap. 567 : formation progressive des trois royaumes d'Austrasie, de Neustrie et de Bourgogne.
573-594 : Grégoire, évêque de Tours, écrit l'*Historia francorum*.
v. 585 : apparition de la dîme.
613 : le roi Clotaire II reconstitue l'unité du royaume franc. Il nomme à la tête de chacun des trois royaumes un maire du palais.
639 : mort du roi Dagobert Ier. Début de la période des "rois fainéants".
732 : le maire du palais Charles Martel arrête les Arabes à Poitiers.
751 : le maire du palais Pépin le Bref dépose le dernier roi mérovingien Childéric III et se fait élire roi des Francs.

Les Mérovingiens

C'est la première dynastie de rois francs, qui a régné sur la Gaule de 481 à 751 ; elle doit son nom à Mérovée, grand-père de Clovis. Le fondateur en est Clovis Ier, roi de 481 à 511, qui est le premier roi de tous les Francs.

La tradition germanique voulant qu'il y ait partage du royaume entre les héritiers, celui-ci est morcelé par la suite et on assiste à la naissance progressive au VIe siècle de trois royaumes : Neustrie, Austrasie et Bourgogne, qui s'affrontent longuement. Le royaume des Francs n'est à nouveau unifié que pendant de courtes périodes : sous Clotaire Ier (558-561), Clotaire II (613-629) et Dagobert Ier (632-639).

A partir de 639, la monarchie mérovingienne s'affaiblit rapidement et le pouvoir réel passe entre les mains des maires du palais, c'est la période des "rois fainéants". Finalement, le maire du palais Pépin le Bref destitue en 751 le dernier roi mérovingien Childéric III et s'empare du trône : c'est la fin de cette première dynastie royale. ■

Plaque de ceinture provenant de La Roche-sur-Foron, époque mérovingienne, Haute-Savoie. Musée d'Art et d'Histoire de Chambéry, Savoie. ▲

Mort de Brunehault en 613. ▲

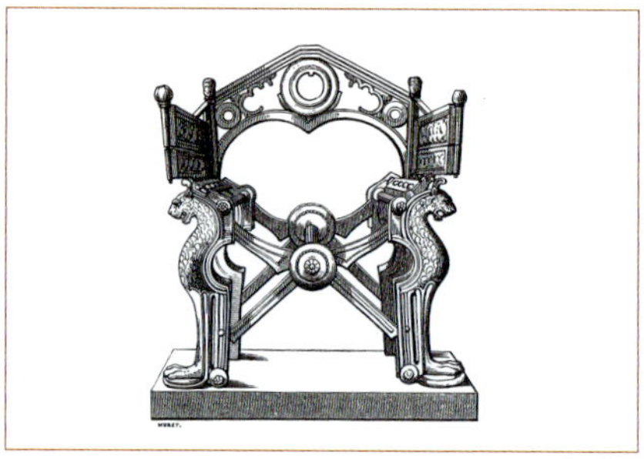

Fauteuil de Dagobert en bronze ciselé (vers 630). ▲

Bataille de Poitiers en 732. ▲

Clovis Ier (v.466-511) - Roi des Francs (v.481-511)

Fils de Childéric Ier et de Basine, il succède à son père comme roi des Francs saliens de Tournai vers 481. Une grande partie de son règne se passe en combats pour étendre son royaume. Ainsi il vainc près de Soissons Syagrius, le dernier représentant romain en Gaule en 486, bat les Alamans à Tolbiac en 496, vainc le roi des Burgondes, Gondebaud près de Dijon en 500 et bat et tue Alaric II, roi des Wisigoths, à Vouillé en 507. Il unifie progressivement le royaume des Francs et l'étend à presque toute la Gaule, des Pyrénées au Rhin. Clovis s'est marié dès 493 avec une princesse burgonde catholique, Clotilde, ce qui lui apporte l'appui des évêques. Sous l'influence de sa femme, Clovis se fait baptiser ainsi que plusieurs milliers de ses soldats (v.498). Sa conversion lui assure le soutien des catholiques, qui voient en lui le seul roi légitime, et engage une politique aux côtés de l'Église. Vainqueur des Ariens, Clovis est aussi le protecteur des fondations monastiques (abbaye de Sainte-Geneviève). A sa mort en 511, selon la coutume germanique, il partage son royaume entre ses quatre fils.

La dynastie des Mérovingiens

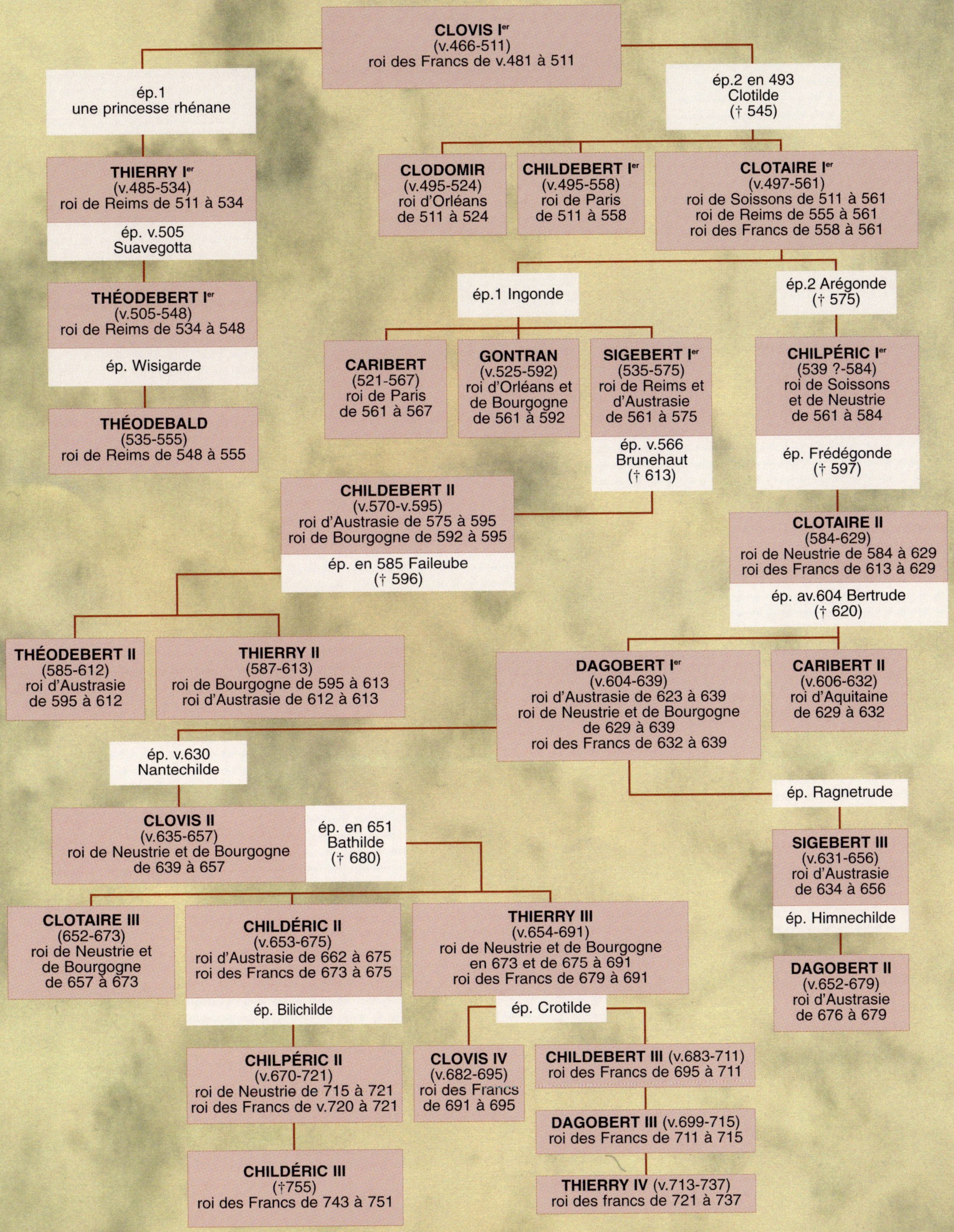

768 : Charlemagne devient roi des Francs.

772 : début des campagnes de Charlemagne contre les Saxons (▷ 803).

778 : expédition de Charlemagne dans la péninsule ibérique, mort de Roland au passage du col de Roncevaux.

v. 780 : apparition des *missi dominici*, envoyés de Charlemagne dans les provinces.

800 : couronnement impérial de Charlemagne à Rome par le pape Léon III.

814 : mort de Charlemagne.
Son fils Louis Ier le Pieux lui succède.

v. 820 : début des raids normands sur les côtes françaises, puis à l'intérieur du pays.
La grande invasion débute en 856.

840 : mort de l'empereur Louis Ier le Pieux. Par le traité de Verdun de 843, ses trois fils Lothaire Ier, Louis le Germanique et Charles II le Chauve se partagent l'Empire.

851 : Charles II le Chauve reconnaît l'indépendance de la Bretagne.

858 : fondation du monastère de Vézelay par Girart de Vienne.

885-886 : siège de Paris par les Normands, défendu par le comte Eudes.

1ère moitié du Xe siècle : morcellement du royaume en principautés.

910 : fondation de l'abbaye de Cluny par Guillaume le Pieux.

911 : traité de Saint-Clair-sur-Epte entre le roi Charles III le Simple et Rollon, chef des Normands, qui reçoit un territoire.

987 : mort du roi Louis V le Fainéant ; les Grands élisent roi de France Hugues Capet, duc des Francs.

Les Caroligiens

Cette dynastie de rois et empereurs a régné sur une partie de l'Europe occidentale du milieu du VIIIe siècle au Xe siècle et doit son nom à son plus illustre représentant, Charlemagne.

Le fondateur en est Pépin le Bref qui met fin en 751 à la dynastie des Mérovingiens en destituant Childéric III et en se faisant proclamer roi des Francs.

Son fils Charlemagne poursuit les conquêtes et unifie une grande partie de l'Europe occidentale, avant de se faire couronner empereur d'Occident en 800. Mais en 843, cet Empire est partagé entre les trois petits-fils de Charlemagne et sa partie occidentale donne naissance à un premier territoire français, la Francia occidentalis, cadre dans lequel se succèdent les rois carolingiens de Charles le Chauve à Louis V pendant 150 ans.

Le Xe siècle voit l'affaiblissement de la monarchie carolingienne, incapable de lutter contre le morcellement du royaume de France en principautés et les invasions étrangères. La mort du roi Louis V le Fainéant en 987 marque la fin de la branche française de la dynastie carolingienne. ■

◂ Église de Germiny-des-Prés, époque caroligienne, Loiret.

Gisant de Carloman 867-884.
Basilique de Saint-Denis,
Seine-Saint-Denis.

La dynastie des Carolingiens

Charlemagne (747-814)
Roi des Francs (768-814)
Empereur d'Occident (800-814)

Roi des Francs à la mort de son père Pépin le Bref en 768, Charlemagne hérite d'un royaume qu'il agrandit considérablement. Soldat et conquérant, il a passé la plus grande partie de sa vie à faire la guerre, en Italie, dans la péninsule ibérique, en Bavière, contre les Saxons. Il constitue ainsi en 30 ans un vaste Empire, qui couvre une grande partie de l'Europe occidentale. En 800, Charlemagne se fait couronner empereur à Rome par le pape Léon III. Dans le domaine intérieur, son règne est marqué par un effort d'organisation administrative (division du royaume en comtés, réunions régulières des grands dignitaires laïcs et ecclésiastiques, promulgation de capitulaires, envoi dans les provinces de *missi dominici*). Dans le domaine monétaire, il affirme le monopole royal de frappe des monnaies. Le souverain constitue autour de lui un gouvernement central ; la cour se fixe en 807 à Aix-la-Chapelle, qui devient capitale. Le règne de Charlemagne est enfin marqué par un renouveau intellectuel et artistique (création d'écoles, présence autour de lui d'hommes instruits comme Alcuin, Eginhard ou Paul Diacre, construction d'édifices religieux). À sa mort en 814, son dernier fils vivant Louis Ier lui succède à la tête de l'Empire.

CHARLEMAGNE
(747-814)
roi des Francs de 768 à 814
empereur d'Occident de 800 à 814

ép. av.771
Hildegarde
(† 783)

LOUIS Ier le Pieux
(778-840)
empereur d'Occident de 814 à 840

ép. en 798
Ermengarde
(† 818)

ép. en 819
Judith
(† 843)

LOTHAIRE Ier
(795-855)
empereur d'Occident
de 840 à 855

LOUIS le Germanique
(v.806-876)
roi de Germanie
de 843 à 876

ép. en 827
Emma
(† 876)

CHARLES II le Chauve
(823-877)
roi de Francie occidentale
de 840 à 877
empereur d'Occident
de 875 à 877

ép. en 842
Ermentrude
(† 869)

CHARLES le Gros
(839-888)
roi d'Alémanie de 876 à 888
empereur d'Occident de 881 à 887
roi de France de 885 à 887

LOUIS II le Bègue
(846-879)
roi de France
de 877 à 879

ép. en 862
Ansgarde

ép. en 878
Adélaïde
(† 901)

LOUIS III
(v.863-882)
roi de France
de 879 à 882

CARLOMAN
(867-884)
roi de France
de 879 à 884

CHARLES III le Simple
(879-929)
roi de France de 893 à 923

ép. v.918
Edwige

LOUIS IV d'outremer
(v.920-954)
roi de France de 936 à 954

ép. en 939
Gerberge
(† 984)

LOTHAIRE
(941-986)
roi de France de 954 à 986

ép. en 966
Emma

LOUIS V le Fainéant
(v.967-987)
roi de France de 986 à 987

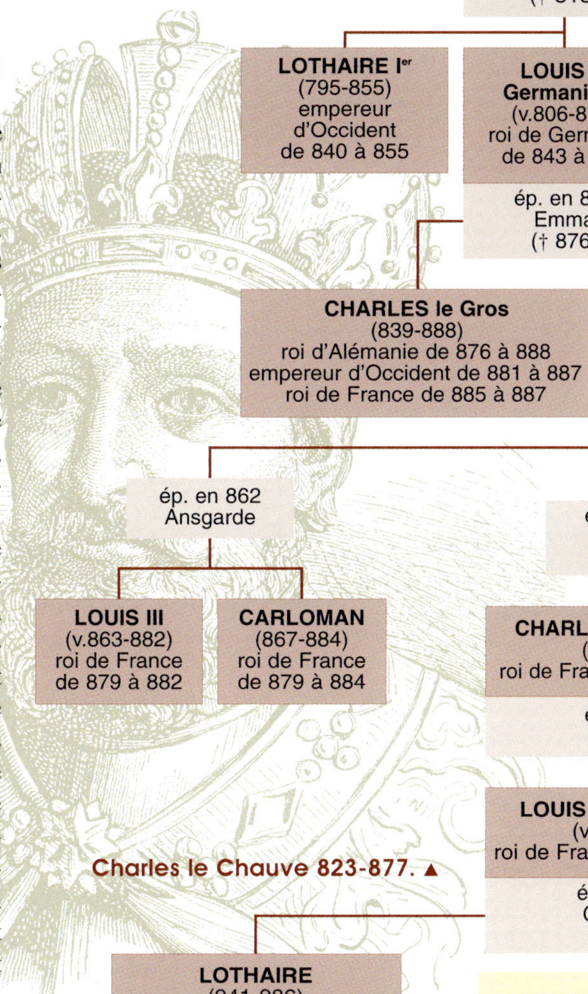

Charles le Chauve 823-877. ▲

N.B. : l'affaiblissement de la monarchie carolingienne à partir de la fin du IXe siècle permet l'élection par les Grands du royaume de rois issus de la famille des Robertiens, ancêtres des Capétiens. Ainsi, Eudes (888 à 898), Robert Ier (922 à 923), puis Raoul (923 à 936) deviennent rois de France.

Basilique Sainte-Madeleine, Vézelay - XIIe, Yonne.

Les Capétiens

L'élection sur le trône de France de Hugues Capet en 987 marque la naissance d'une longue dynastie qui règne sur la France pendant plus de huit siècles.

La branche des Capétiens directs s'étend de 987 à 1328, avec quinze rois en 341 ans, dont les grandes figures sont Philippe II Auguste (1180-1223), Saint Louis (1226-1270) ou Philippe IV le Bel (1285-1314). L'idée d'une transmission héréditaire de la couronne par ordre de primogéniture mâle s'impose progressivement ; ainsi de 987 à 1316, treize rois se succèdent de père en fils, d'Hugues Capet à Jean Ier le Posthume. Tous travaillent dans le même sens et permettent d'enraciner la dynastie : s'imposer aux grands féodaux, agrandir le domaine royal, lutter contre les puissances étrangères sont leurs buts. Pour la première fois, en 1316, à la mort de Jean Ier le Posthume, se pose le problème de la succession ; c'est son oncle, Philippe V le Long qui monte sur le trône ; de même, à sa mort en 1322 sans héritier mâle, c'est son frère et dernier fils de Philippe IV le Bel, Charles IV le Bel qui devient roi. C'est l'application du principe de la loi salique qui, même s'il n'est invoqué que plus tard, triomphe, excluant les femmes de toute succession royale.

En 1328, la mort de Charles IV le Bel sans héritier mâle, marque la fin de la dynastie des Capétiens directs et le passage de la couronne à la branche des Valois. ■

fin Xe siècle
milieu XIe siècle : les évêques tiennent plusieurs conciles destinés à faire respecter par les seigneurs la "paix de Dieu".
v. 1020-1050 : définition de plus en plus précise de la vassalité et des liens vassaliques.
v. 1024-1089 : construction de l'abbaye du Mont-Saint-Michel.
ap. 1050 : plein essor de l'art roman.
v. 1077-1082 : composition de la tapisserie de Bayeux.
1095 : au concile de Clermont, le pape Urbain II prêche la première croisade en Terre sainte.
XIIe siècle : de nombreuses villes obtiennent des chartes communales et s'émancipent de la tutelle seigneuriale.
1109-1119 : conflit entre Louis VI le Gros et le roi d'Angleterre Henri Ier pour la Normandie (également en 1123-1124).
v. 1118 : fondation de l'ordre du Temple à Jérusalem par des chevaliers français.
v. 1132 : début de la construction de la basilique de Saint-Denis. Apparition et développement de l'art gothique.
1137 : mariage du prince héritier Louis avec Aliénor d'Aquitaine.
1147-1149 : le roi Louis VII participe à la deuxième croisade en Terre sainte.
ap. 1150-1160 : progrès de l'hérésie cathare qui s'organise en une véritable Église.
1152 : divorce du roi Louis VII et d'Aliénor d'Aquitaine. Celle-ci se remarie avec Henri d'Angleterre.
1180 : Philippe II Auguste devient roi.
1184 : début des tournées des baillis, représentants locaux du roi.
1190 : début de la construction du Louvre à Paris.
1190-1191 : Philippe II Auguste participe à la troisième croisade.
1194-1199 : guerre entre Philippe II Auguste et Richard Cœur de Lion, roi d'Angleterre.

1202-1214 : nouvelle guerre entre le roi Philippe II Auguste et Jean, roi d'Angleterre. Le roi de France est vainqueur à Bouvines en 1214.
1209-1226 : croisades contre les Albigeois.
1226 : avènement de Louis IX (saint Louis).
1233 : introduction de l'Inquisition en Languedoc.
1244 : capitulation de la forteresse cathare de Montségur.
1248-1254 : septième croisade en Terre sainte à laquelle participe le roi Louis IX en Égypte et en Syrie.
1250-1270 : nombreuses fondations de bastides en Aquitaine.
v. 1250 : fin des grands défrichements dans les campagnes.
v. 1257 : Robert de Sorbon fonde un collège à Paris, la "Sorbonne".
1270 : Louis IX participe à la huitième croisade. Il meurt à Tunis.
1285 : Philippe IV le Bel devient roi.
1294-1299 : conflit entre Philippe IV le Bel et le roi d'Angleterre Édouard Ier.
ap. 1300 : déclin des foires de Champagne, qui ont rayonné sur tout l'Occident au XIIIe siècle.
1302 : révolte de la Flandre contre l'occupation française. Le roi Philippe IV le Bel est vainqueur à Mons-en-Pévèle en 1304.
1307 : le roi Philippe IV le Bel fait arrêter les Templiers. Ils sont exécutés en 1310 et le grand maître J. de Molay en 1314.
1309 : début de la papauté d'Avignon avec le pape Clément V.
1315 : institution de la gabelle, impôt sur le sel.
1316 : Philippe V le Long, frère du défunt roi Louis X, monte sur le trône.
1317 : une assemblée des Grands adopte le principe qu'une femme ne peut monter sur le trône de France.
1328 : mort du roi Charles IV le Bel. Fin de la branche des Capétiens directs.
v. 1328 : état des paroisses et des feux dans le royaume.

Philippe II Auguste (1165-1223) - Roi de France (1180-1223)

Roi à quinze ans, il passe une grande partie de son règne en combats, réussissant à accroître considérablement le domaine royal. Sa victoire sur une coalition des grands féodaux de Flandre, Champagne et Bourgogne lui permet de mettre la main sur l'Artois, le Vermandois et Amiens (1185). Mais c'est la lutte contre l'Angleterre qui est la grande affaire de son règne, tout d'abord contre Richard Cœur de Lion (1194-1199) puis contre Jean sans Terre (1202-1217). Philippe Auguste conquiert la Normandie, la Touraine, l'Anjou et le Poitou ; cette guerre est surtout marquée par la victoire du roi à Bouvines (1214) sur une coalition étrangère. Son règne est également marqué par un renforcement du contrôle du royaume par la nomination des baillis ou sénéchaux. La croisade contre les Cathares, engagée en 1209, permet à la royauté de prendre pied dans le Midi de la France. Philippe Auguste doit également faire face à un grave conflit avec la papauté en raison de ses mariages successifs (1196-1200). Sous son règne, enfin, Paris devient la capitale du royaume, le roi la dote d'une enceinte et fait édifier le premier Louvre.

Tapisserie de Bayeux, XIe siècle - Musée Guillaume le Conquérant -, Cavados.

12

La dynastie des Capétiens directs

Vitrail de Saint-Louis, Cathédrale Notre-Dame-la-Grande à Poitiers, XIXe siècle, Vienne. ▲

Louis IX ou Saint Louis (1214-1270)
Roi de France (1226-1270)

Louis IX devient roi à l'âge de douze ans et sa mère Blanche de Castille exerce la régence jusqu'en 1234. Par le traité de Meaux (1229), elle met fin à la guerre contre les Albigeois et prépare la réunion à la couronne du comté de Toulouse. Les hostilités entre la France et l'Angleterre sont rouvertes en 1242 mais le roi de France recherche une paix durable et équitable ; il signe ainsi le traité de Paris en 1258 avec Henri III, marqué par des concessions territoriales réciproques. Dans le domaine intérieur, le règne de Louis IX est marqué par un souci de faire régner l'ordre et la justice. La France connaît alors en Europe un grand rayonnement moral, intellectuel et artistique. Souverain d'une foi ardente, Louis IX participe aux deux dernières croisades en Terre sainte (1248-1254 et 1270). C'est au cours de cette dernière qu'il meurt d'une épidémie de peste devant Tunis. Il est canonisé dès 1297.

HUGUES Ier Capet
(v.941-996)
roi de France
de 987 à 996

ép. av.970
Adélaïde
(v.945-v.1004)
fille du comte de Poitiers

ROBERT II le Pieux
(v.972-1031)
roi de France
de 996 à 1031

ép. v.1003
Constance d'Arles
(v.983-1032)
fille du comte Guillaume Ier

HENRI Ier
(1008-1060)
roi de France de 1031 à 1060

ép. en 1051
Anne
(v.1024-ap.1075)
fille du grand-duc de Kiev

PHILIPPE Ier
(v.1052-1108)
roi de France de 1060 à 1108

ép. en 1071
Berthe de Hollande
(v.1055-1094)
[répudiée en 1091]

LOUIS VI le Gros
(v.1081-1137)
roi de France
de 1108 à 1137

ép. en 1115
Adélaïde de Savoie
(v.1100-1154)

ép. en 1137
Aliénor d'Aquitaine
(1122-1204)
[annulé en 1152]

LOUIS VII le Jeune
(1120-1180)
roi de France
de 1137 à 1180

ép. en 1160
Adèle de Champagne
(v.1140-1206)

PHILIPPE II Auguste
(1165-1223)
roi de France de 1180 à 1223

ép. en 1180
Isabelle (1170-1190)
fille du comte de Hainaut

LOUIS VIII le Lion
(1187-1226)
roi de France de 1223 à 1226

ép. en 1200
Blanche (1188-1252)
fille du roi de Castille

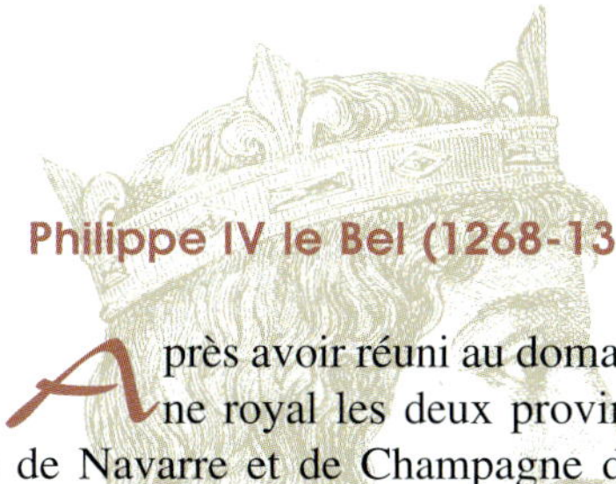

Philippe IV le Bel (1268-1314) - Roi de France (1285-1314)

Après avoir réuni au domaine royal les deux provinces de Navarre et de Champagne du fait de son mariage avec Jeanne, Philippe IV le Bel commence par mettre fin à la croisade d'Aragon par le traité de Tarascon (1291). La lutte reprend en 1294 avec l'Angleterre et se termine par le traité de Montreuil (1299). Au traité de Paris de 1303, Philippe le Bel rend à Édouard Ier les territoires conquis. L'alliance entre l'Angleterre et la Flandre entraîne l'occupation de cette région par les Français en 1300 ; chassés de Bruges puis battus à Courtrai (1302), les Français prennent leur revanche à Mons-en-Pévèle (1304). Le roi de France peut alors annexer la Flandre. Ces nombreuses guerres dégradent les finances du royaume, Philippe le Bel doit procéder à plusieurs dévaluations entre 1290 et 1309, il confisque les biens des Lombards et des Juifs (1292), mais surtout sa volonté de prélever des taxes exceptionnelles sur le clergé entraîne un grave conflit avec la papauté à partir de 1296. Le roi convoque une réunion des trois ordres du royaume (1302), première esquisse des futurs États généraux, qui lui apportent leur soutien. Les difficultés financières entraînent Philippe le Bel dans une lutte contre l'ordre du Temple, qui est supprimé et dont les membres sont exécutés (1307-1314). Dans le domaine intérieur, le roi mène une politique d'affermissement des prérogatives royales, aidé par ses légistes (Pierre Flote, Enguerran de Marigny, Guillaume de Nogaret), et qui se traduit par la réunion fréquente des trois ordres pour approuver sa politique.

Philippe IV le Bel, 1268-1314. ▲

La Conciergerie. Philippe le Bel remodela et agrandit l'ensemble du palais de la Cité, Paris. ▶ ▲

La Sainte-Chapelle a été consacrée en 1248, Paris. ▼

LOUIS IX (Saint Louis)
(1214-1270)
roi de France de 1226 à 1270
ép. en 1234
Marguerite
(1221-1295)
fille du comte de Provence

PHILIPPE III le Hardi
(1245-1285)
roi de France
de 1270 à 1285
ép. en 1262
Isabellle
(1234-1271)
fille du roi d'Aragon

Robert
(1256-1317)
comte de Clermont

Dynastie des Bourbons à la 8ème génération

PHILIPPE IV le Bel
(1268-1314)
roi de France
de 1285 à 1314

Charles
(1270-1325)
comte de Valois

Dynastie des Valois

ép. en 1284
Jeanne
(1271-1305)
fille du roi de Navarre

LOUIS X le Hutin
(1289-1316)
roi de France
de 1314 à 1316
ép. en 1315
Clémence
(1293-1328)
fille du roi de Hongrie

JEAN Ier le Posthume
(1316)
roi de France
en 1316

Isabelle
(v.1292-1358)
ép. en 1308
Édouard II
roi d'Angleterre
(1284-1327)

PHILIPPE V le Long
(v.1293-1322)
roi de France
de 1316 à 1322
ép. en 1307
Jeanne
(1292-1329)
fille du comte de Bourgogne

CHARLES IV le Bel
(1294-1328)
roi de France
de 1322 à 1328
ép. en 1325
Jeanne
(1310-1371)
fille du comte d'Évreux

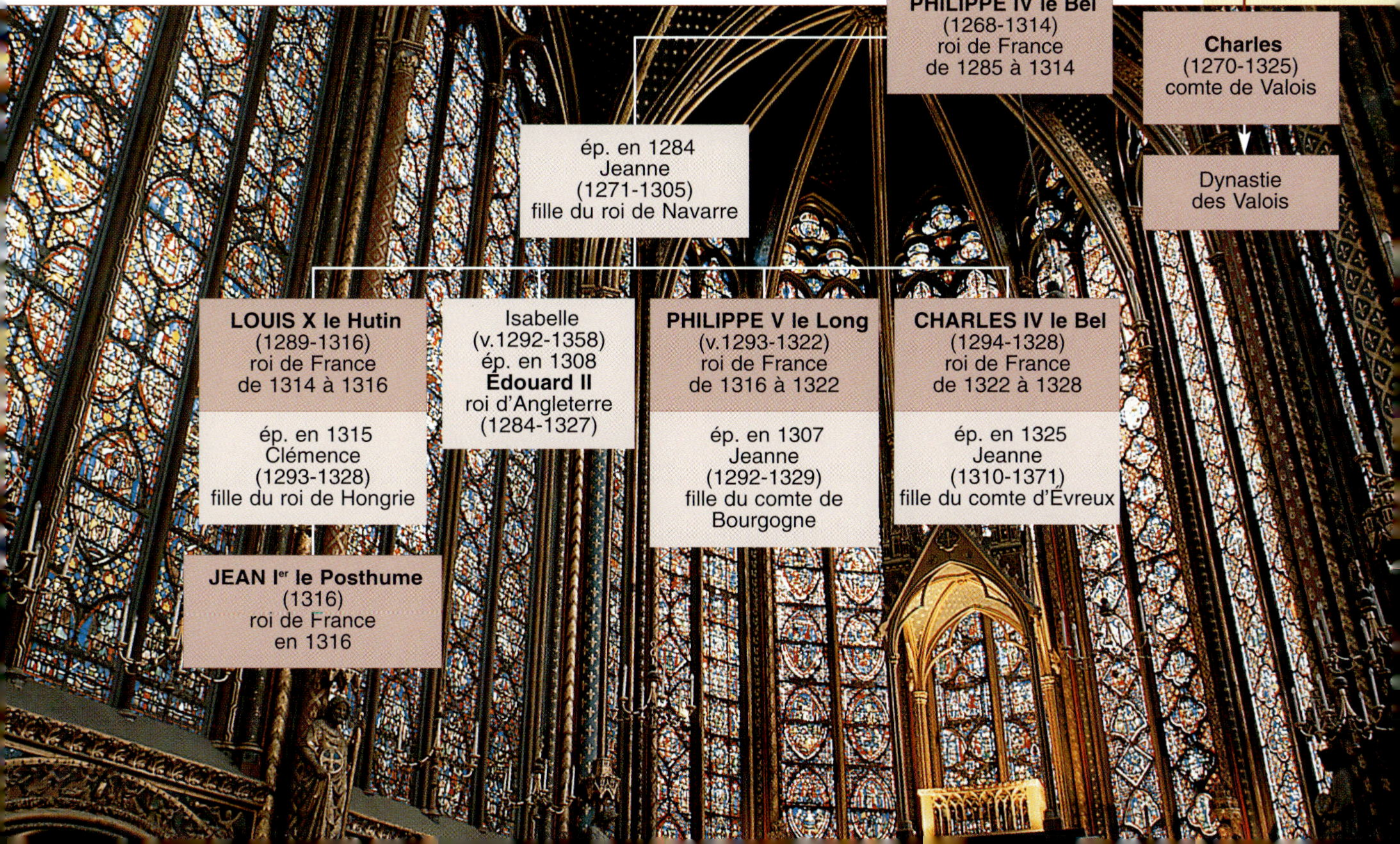

Charles V fait terminer en 1369 le donjon de Vincennes commencé sous le règne de son père en 1361, Val-de-Marne. ▲

Les Valois directs

Cette branche de la dynastie des Capétiens accède au trône de France en 1328 avec Philippe VI, fils de Charles de Valois et neveu de Philippe IV le Bel, les trois fils de celui-ci étant morts sans descendance mâle. Le nouveau roi est choisi par les Grands du royaume, de préférence au roi d'Angleterre Édouard III, pourtant petit-fils par sa mère Isabelle, de Philippe IV le Bel.

La dynastie des Valois règne sur la France de 1328 à 1589. Trois branches en sont issues. Les Valois directs, de 1328 à 1498, donnent sept rois à la France, de Philippe VI à Charles VIII. C'est à nouveau une succession de père en fils pendant 170 ans. Cette période très difficile est marquée par la guerre de Cent ans, la détention du roi Jean II le Bon, la folie du roi Charles VI et la guerre civile entre Armagnacs et Bourguignons ; la deuxième moitié du XVe siècle voit cependant le redressement de l'autorité monarchique avec les rois Charles VII (1422-1461) et Louis XI (1461-1483).

En 1498, Charles VIII meurt sans héritier mâle et la couronne passe au plus proche prince du sang vivant, son cousin le duc d'Orléans, qui devient le roi Louis XII. ■

Les Valois directs

1337 : le roi Philippe VI confisque le duché de Guyenne au roi d'Angleterre ; début de la guerre de Cent ans.

1346 : l'armée française subit une déroute à Crécy face aux Anglais.

1348-1349 : grande épidémie de peste noire dans tout le pays.

1356 : le roi de France Jean II le Bon est fait prisonnier par les Anglais à la bataille de Poitiers. Les États généraux essayent d'imposer au dauphin Charles l'instauration d'une monarchie parlementaire en 1357.

1358 : révolte et défaite d'Étienne Marcel, prévôt des marchands, à Paris. Insurrection paysanne, la Jacquerie, dans le Beauvaisis.

1360 : le roi Jean II le Bon est libéré.

1364 : bataille de Cocherel remportée par Du Guesclin sur le roi de Navarre Charles le Mauvais.

1372-1373 : le roi Charles V et Du Guesclin se rendent maîtres de la plupart des possessions anglaises, Limousin, Poitou, Aunis et Saintonge.

1392 : début de la folie du roi Charles VI.

1407 : début de la guerre civile entre Armagnacs et Bourguignons.

1415 : l'armée française est battue à Azincourt par les Anglais.

1420 : signature du traité de Troyes entre le roi Charles VI et Henri V d'Angleterre ; le dauphin Charles est déshérité.

1429-1431 : intervention de Jeanne d'Arc dans la guerre de Cent ans.

1438 : promulgation de la Pragmatique sanction de Bourges par le roi Charles VII, première affirmation du gallicanisme.

1439 : la taille, impôt direct, devient permanente pour l'entretien d'une armée.

Louis XI (1423-1483) - Roi de France (1461-1483)

Fils aîné de Charles VII, il passe le règne de son père à comploter contre lui (en 1440 lors de la Praguerie puis en 1456). En 1447, Louis avait reçu le gouvernement du Dauphiné. Devenu enfin roi à la mort de son père en 1461, il bénéficie de la remise en ordre du royaume, qu'il poursuit dans les domaines financier et judiciaire et peut ainsi continuer la construction territoriale de la France, en luttant contre les derniers grands féodaux, en particulier le duc de Bourgogne. Dès 1465, Louis XI est confronté à une révolte des princes, regroupés dans la ligue du Bien public. Une nouvelle révolte féodale dirigée par Charles le Téméraire, duc de Bourgogne, aboutit à l'entretien de Péronne, où le roi de France est retenu prisonnier par Charles et ne s'en sort qu'à des conditions humiliantes (1468).

Désormais, le Téméraire représente le principal ennemi du royaume dont il faut abattre la puissance. La lutte dure jusqu'en 1477. Louis XI l'isole progressivement, en donnant à son propre frère Charles, le duché de Guyenne en 1469, puis en signant avec Édouard IV d'Angleterre le traité de Picquigny en 1475. Les prétentions du Téméraire entraînent la révolte des Suisses et des Alsaciens ; battu à Grandson et Morat (1476), Charles meurt au siège de Nancy en 1477. La Bourgogne et la Picardie sont alors rattachées au domaine royal.

Louis XI acquiert encore en 1480-1481 l'Anjou, le Maine et la Provence. Il favorise la reprise de l'économie par des exemptions d'impôts, l'amélioration des transports ou des encouragements à la création de foires. Son unique fils vivant Charles, lui succède en 1483.

◄ Louis XI, 1423-1483.

v. 1440-1470 : amorce de la reconstruction rurale et retour progressif de la prospérité.
1453 : victoire française de Castillon-la-Bataille. Fin de la guerre de Cent ans. Les Anglais ne possèdent plus en France que Calais.
1461 : avènement du roi Louis XI.
1477 : mort du duc de Bourgogne Charles le Téméraire à la bataille de Nancy. Louis XI occupe la Bourgogne, la Picardie et l'Artois.
1480-1481 : réunion au domaine royal des comtés d'Anjou et du Maine, et de la Provence.
1491 : le roi Charles VIII épouse Anne de Bretagne.
1494 : début des guerres d'Italie. Intervention militaire française dans la péninsule.

Vitrail de Jeanne d'Arc, Cathédrale Notre-Dame-la-Grande à Poitiers, XIXe siècle, Vienne. ▲

Gisant de Charles V le Sage 1338-1380.
Basilique de Saint-Denis, Seine-Saint-Denis. ▼

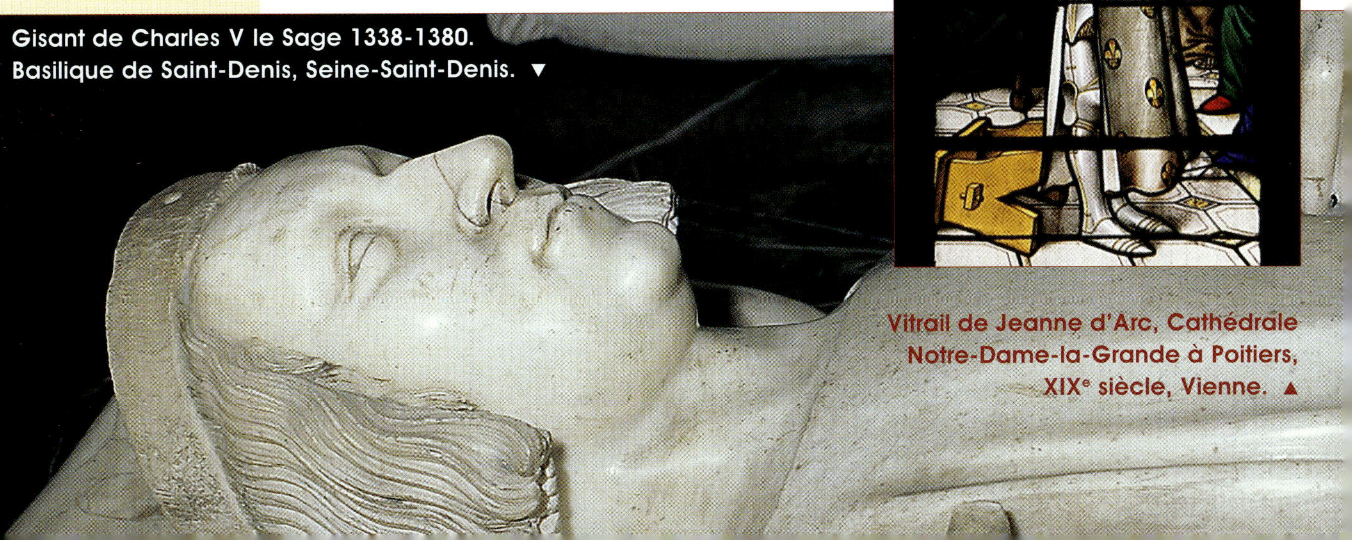

La dynastie des Valois directs

Charles VIII,
1470-1498. ▲

Salle des Gens d'armes construite au XIVe siècle, Conciergerie, Paris. ▼

PHILIPPE VI de Valois
(1293-1350)
roi de France
de 1328 à 1350

ép. en 1313
Jeanne
(1294-1348)
fille du duc de Bourgogne

JEAN II le Bon
(1319-1364)
roi de France
de 1350 à 1364

ép. en 1332
Bonne
(1315-1349)
fille du roi de Bohême

CHARLES V le Sage
(1338-1380)
roi de France
de 1364 à 1380

ép. en 1350
Jeanne
(1338-1377)
fille du duc de Bourbon

Louis, duc d'Orléans
(1372-1407)

ép. en 1389
Valentine Visconti
(1366-1408)

Dynastie des
Valois-Orléans

CHARLES VI le Fou
(1368-1422)
roi de France
de 1380 à 1422

ép. en 1385
Isabeau
(1369-1435)
fille du duc de Bavière

CHARLES VII le Victorieux
(1403-1461)
roi de France
de 1422 à 1461

ép. en 1422
Marie
(1404-1463)
fille du roi de Naples

LOUIS XI
(1423-1483)
roi de France
de 1461 à 1483

ép. en 1451
Charlotte
(1443-1483)
fille du duc de Savoie

CHARLES VIII
(1470-1498)
roi de France
de 1483 à 1498

ép. en 1491
Anne
(1476-1514)
fille du duc de Bretagne

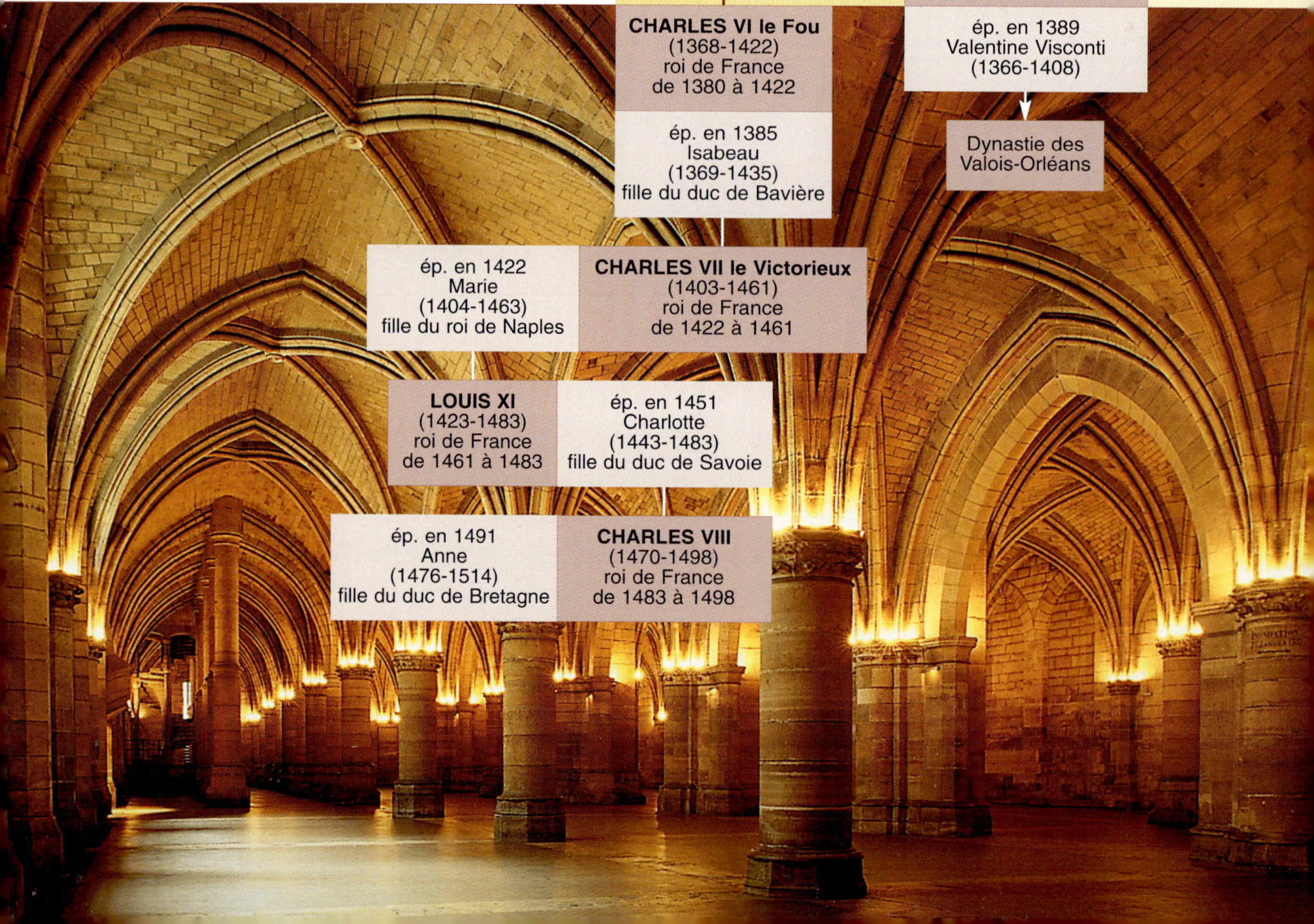

L'époque moderne

Façade des Loges, château de Blois - v. 1520, Loir-et-Cher. ▶

Les Valois Orléans et Angoulême

La branche des Valois-Orléans (1498-1515) n'a eu qu'un seul représentant sur le trône en la personne de Louis XII. Elle est issue de Louis, duc d'Orléans et frère du roi Charles VI le Fou.

Louis XII meurt sans héritier mâle en 1515 et la couronne passe à son gendre François Ier, issu également de Louis, duc d'Orléans par son père Charles d'Angoulême. La branche des Valois-Angoulême règne sur la France de 1515 à 1589 et donne cinq rois, de François Ier à Henri III. Après les règnes de François Ier (1515-1547) et de son fils Henri II (1547-1559), qui marquent le "beau XVIe siècle", la monarchie s'affaiblit et doit faire face aux guerres de Religion. Les trois fils d'Henri II se succèdent sur le trône de France et sont incapables d'arrêter la guerre civile. En outre, ils meurent tous sans héritier mâle.

En 1589, la mort d'Henri III donne la couronne au roi de Navarre Henri, plus proche héritier du trône, qui fonde la dynastie des Bourbons. ■

François Ier (1494-1547) - Roi de France (1515-1547)

François Ier représente le type même du chevalier de la Renaissance. Dès son avènement, il reprend les guerres d'Italie et remporte la victoire de Marignan. La grande affaire du règne de François Ier est sa longue rivalité avec l'empereur Charles Quint. Une première guerre (1521) aboutit à l'abandon du Milanais par les Français. En 1525, François Ier est vaincu et fait prisonnier à Pavie. Il est emmené captif en Espagne et n'est libéré qu'en signant le désastreux traité de Madrid (1526), qu'il refuse ensuite d'appliquer. Malgré une nouvelle expédition du roi de France en Italie, la paix est signée en 1529. La guerre reprend en 1535 mais elle ne donne rien et une trêve est signée en 1538. Une dernière confrontation a lieu à partir de 1542, les Français sont vainqueurs à Cérisoles (1544), mais au traité de Crépy-en-Laonnais, François Ier renonce à l'Artois et à la Flandre et abandonne le Milanais à son adversaire.

Dans le domaine intérieur, le règne de François Ier est marqué par une évolution majeure, l'avènement de l'absolutisme royal : désormais l'autorité du roi ne rencontre plus de résistance, la noblesse devient une noblesse de cour, pensionnée par le roi. François Ier poursuit l'unification administrative du royaume par l'ordonnance de Villers-Cotterêts (1539). Au niveau religieux, le développement du protestantisme, longtemps toléré par le roi, commence à être persécuté après l'affaire des " placards " (1534). Pendant le règne de François Ier, la vie de cour prend un grand développement et symbolise le luxe de la Renaissance. Le domaine des lettres et des arts a bénéficié des faveurs du roi, l'accueil de Léonard de Vinci permet l'introduction en France de la Renaissance italienne. François Ier fait construire de nombreux châteaux (Chambord, Fontainebleau, Saint-Germain-en-Laye) et commence la reconstruction du Louvre.

Façade est du château de Fontainebleau, XVIe siècle, Seine-et-Marne. ▲

Les Valois Orléans et Angoulême

fin XVe - milieu XVIe : construction des châteaux de la Loire.
1498 : mort du roi Charles VIII. Avènement de Louis XII, duc d'Orléans, son cousin. Il se marie en 1499 avec Anne de Bretagne.
1499 : reprise des guerres d'Italie avec le roi Louis XII. La France renonce au Milanais en 1513.
1515 : avènement de François Ier. Reprise des guerres d'Italie pour reconquérir le Milanais, victoire du roi François Ier à Marignan et occupation de Milan. Léonard de Vinci s'installe en France.
1516 : concordat de Bologne entre le roi François Ier et le pape Léon X.
1520 : camp du "Drap d'or", entrevue entre François Ier et Henri VIII d'Angleterre.
1521 : guerre entre François Ier et l'empereur allemand Charles Quint.
1522 : le roi François Ier officialise le système de la vénalité des charges.
1524 : mort de Bayard à la bataille de la Sesia en Italie.
1525 : défaite française à Pavie face aux Impériaux. François Ier est fait prisonnier.
1526 : traité de Madrid avec Charles Quint, François Ier est libéré.
1527 : conclusion de la "paix des Dames", le roi François Ier renonce à l'Italie, à la Flandre et à l'Artois, l'empereur Charles Quint renonce à la Bourgogne.
1530 : création du Collège royal, ancêtre du Collège de France, par le roi François Ier.
1532 : rattachement définitif de la Bretagne à la France.
1533 : adhésion du théologien Jean Calvin à la Réforme.
1534 : affaire des "placards", feuillets d'inspiration luthérienne affichés dans plusieurs villes où réside la Cour. Jacques Cartier au Canada.
1539 : ordonnance de Villers-Cotterêts.
1546 : le roi François Ier charge l'architecte Pierre Lescot de construire un nouveau palais du Louvre à Paris.

1515, Bataille de Marignan. ▶

La dynastie des Valois Orléans et Angoulême

François Ier, 1494-1547. ▸

LOUIS XII
(1462 -1515)
petit-fils du duc d'Orléans Louis
roi de France de 1498 à 1515

ép. en 1499
Anne de Bretagne
(1476 -1514)
veuve du roi de France
Charles VIII

Claude
(1499-1524)

ép. en 1514

FRANÇOIS Ier
(1494-1547)
roi de France
de 1515 à 1547

HENRI II
(1519-1559)
roi de France
de 1547 à 1559

ép. en 1533
Catherine de Médicis
(1519-1589)

FRANÇOIS II
(1544-1560)
roi de France
de 1559 à 1560

CHARLES IX
(1550-1574)
roi de France
de 1560 à 1574

HENRI III
(1551-1589)
roi de France
de 1574 à 1589

Marguerite
(1553-1615)
"la reine Margot"

ép. en 1572

HENRI IV
(1553-1610)
roi de Navarre de 1572 à 1610
roi de France de 1589 à 1610
(mariage annulé en 1599)

1547 : "chambre ardente" constituée au Parlement pour réprimer l'hérésie luthérienne.

1552 : reprise de la guerre entre le roi de France Henri II et l'empereur allemand Charles Quint.

1559 : traité de Cateau-Cambrésis entre la France, l'Angleterre et l'Espagne, fin des guerres d'Italie.

1560 : avènement de Charles IX. Régence de sa mère, Catherine de Médicis.

1562 : début des guerres de religion.

1572 : massacre des protestants lors de la saint-Barthélémy.

1574 : mort du roi Charles IX. Avènement de son frère Henri III.

v. 1575-1595 : crise économique généralisée, industrielle, commerciale, bancaire, sociale.

1579 : grande ordonnance de Blois touchant à de nombreux sujets de la vie sociale.

1589 : le roi Henri III est assassiné par le moine Jacques Clément. Henri de Navarre devient roi de France sous le nom de Henri IV.

Henri II, 1519-1559. ▸

Les Bourbons

Les rois Bourbons représentent une branche de la dynastie des Capétiens. Elle accède au trône de France en 1589 avec Henri IV, roi de Navarre ; elle est issue du père de celui-ci, Antoine de Bourbon, descendant en huitième génération de Robert, fils du roi Saint Louis.

Les Bourbons règnent de 1589 à 1792 et de 1814 à 1830, donnant sept rois à la France. Louis XIII et Louis XIV mettent en place un système de gouvernement absolutiste, qui est emporté par la Révolution française de 1789, au cours de laquelle le roi Louis XVI est renversé et exécuté.

Cependant, la dynastie survit à travers les frères du roi défunt et lors de la Restauration en 1814 — après l'intermède révolutionnaire et napoléonien — Louis XVIII et Charles X règnent à leur tour.

Après la Révolution de 1830 et l'abdication de Charles X, la couronne passe à la branche des Orléans. La branche française des Bourbons s'éteint en 1883 à la mort du comte de Chambord, petit-fils du dernier roi Charles X. ■

Henri IV, 1553-1610. ▼

1593 : le roi Henri IV abjure le protestantisme. Il est sacré en 1594 et fait son entrée dans Paris.
1595 : le roi Henri IV déclare la guerre à l'Espagne. Elle se termine par le traité de Vervins en 1598.
1598 : le roi Henri IV promulgue l'édit de Nantes, qui en reconnaissant la liberté de conscience, met fin aux guerres de religion.
début XVIIe : reprise économique et retour de la prospérité.
1604 : édit royal instituant la paulette.
1610 : assassinat du roi Henri IV par Ravaillac. Avènement de son fils Louis XIII. Régence de sa mère Marie de Médicis.
1624 : début du ministère de Richelieu.
1625 : reprise de la lutte contre les protestants ; la ville de La Rochelle est assiégée en 1627-1628.
1635 : le roi Louis XIII crée l'Académie française.
Déclaration de guerre à l'Espagne. Intervention française dans la guerre de Trente ans, début des guerres contre les Habsbourg.
Début de la conquête française de la Guadeloupe et de la Martinique.
1641 : édit royal limitant les pouvoirs du Parlement.
1642 : mort de Richelieu. Le cardinal Mazarin devient principal ministre.
Fondation de Montréal au Canada par les Français.
1643 : avènement de Louis XIV ; sa mère Anne d'Autriche est régente et Mazarin devient chef du conseil. Victoire française sur les Espagnols à Rocroi.
1648 : traités de Westphalie mettant fin à la guerre de Trente ans.
1648-1653 : Fronde parlementaire puis Fronde nobiliaire contre Mazarin.
1661 : mort de Mazarin. Début du règne personnel de Louis XIV.
Arrestation de Fouquet, surintendant des finances.
1665 : Colbert est nommé contrôleur général des finances.
1667-1668 : guerre de la Dévolution contre l'Espagne, conquête de la ville de Lille.
1672-1678 : guerre de Hollande, qui dégénère en coalition contre la France.
Louis XIV conquiert la Franche-Comté et l'Artois.
1678 : Vauban est nommé commissaire général des fortifications.

1681 : annexion de Strasbourg par Louis XIV.
1682 : le roi Louis XIV et la Cour s'installent à Versailles.
1685 : édit de Fontainebleau qui révoque l'édit de Nantes ; abolition du culte protestant en France.
1688-1697 : guerre de la Ligue d'Augsbourg ; une seconde coalition se forme contre la France.
1693-1694 : mauvaise récolte, famine, grave crise économique, grande misère.
1701-1714 : guerre de Succession d'Espagne ; défaites françaises et invasion du pays en 1708. La France est sauvée par la victoire de Denain en 1712.
1709 : grande famine, hiver rigoureux, crise économique, grande misère, révoltes.
1715 : Louis XV devient roi. Régence de Philippe d'Orléans ; réforme du gouvernement.
1720 : effondrement du système financier de Law.
v. 1725 : introduction de la franc–maçonnerie en France.
1726 : Fleury devient premier ministre.
1733-1738 : guerre de Succession de Pologne contre l'Empire allemand. Le roi Stanislas Leszczynski renonce au trône et reçoit la Lorraine.
1741-1748 : guerre de Succession d'Autriche contre l'Angleterre et l'Autriche.
1756-1763 : guerre de Sept ans contre l'Angleterre et la Prusse. Combats en Europe et dans les colonies d'Amérique. La France cède la plupart de ses possessions américaines.
1768 : la France achète la Corse à la République de Gênes.
1777 : Necker contrôleur général des finances de Louis XVI. La Fayette aux États-Unis aux côtés des insurgés américains. Intervention française dans la guerre d'Indépendance américaine (1780-1783).
1786 : échec de la réforme fiscale de Calonne face à la dégradation de la situation financière.
1788 : révoltes des parlements face au projet de réforme fiscale de Loménie de Brienne. Louis XVI convoque des États généraux pour mai 1789.

La dynastie des Bourbons

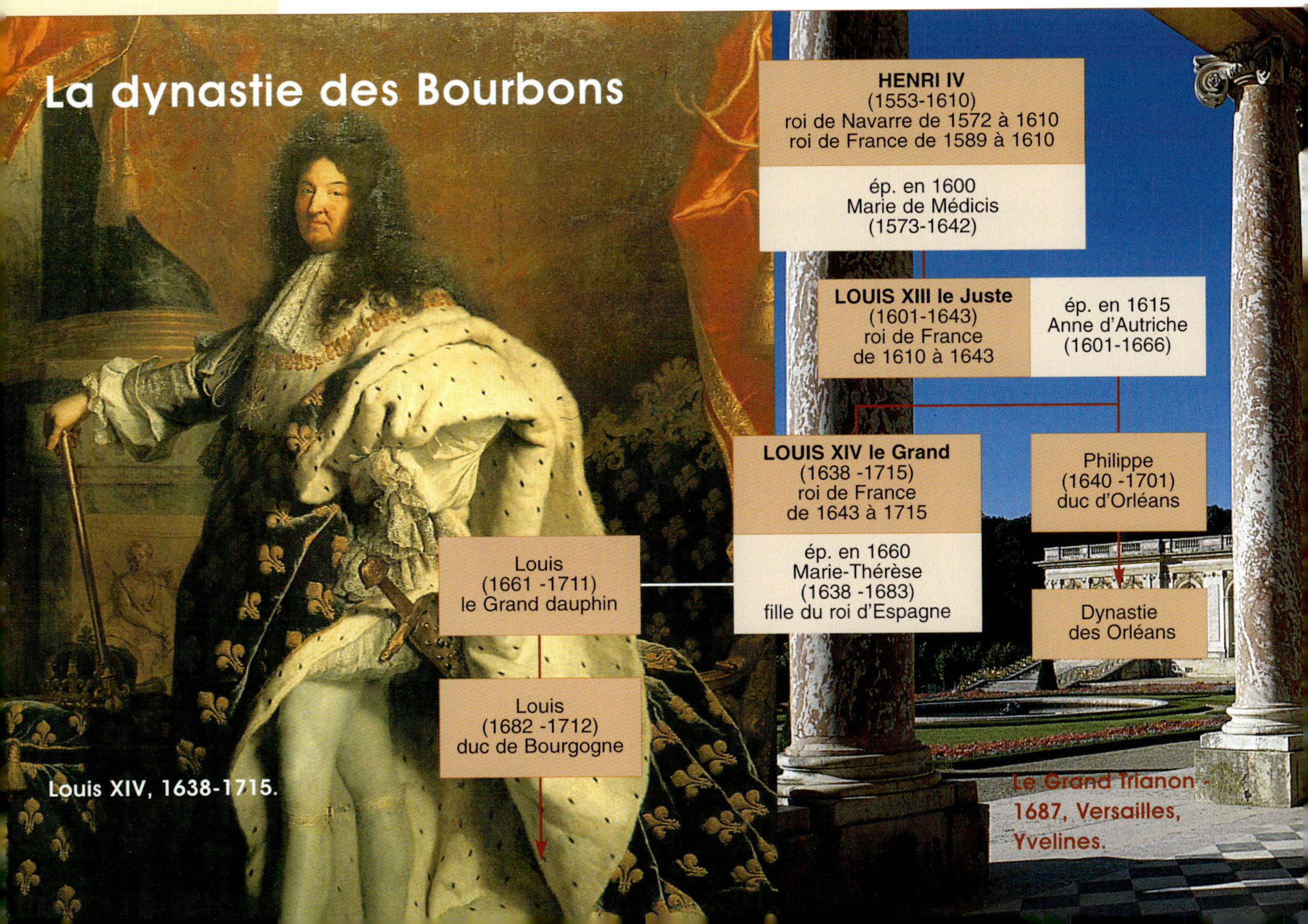

Louis XIV, 1638-1715.

Le Grand Trianon, 1687, Versailles, Yvelines.

La dynastie des Bourbons (suite)

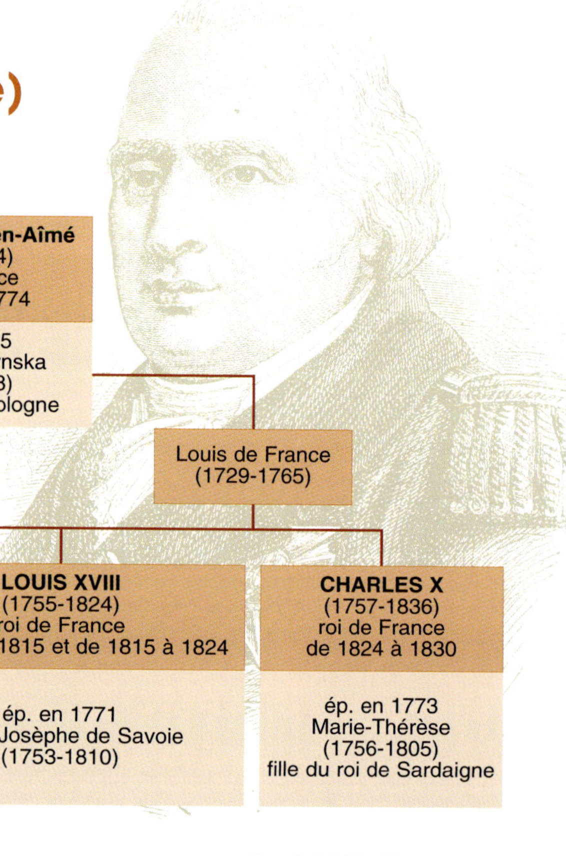

LOUIS XV le Bien-Aîmé
(1710-1774)
roi de France
de 1715 à 1774

ép. en 1725
Marie Leszczynska
(1703-1768)
fille du roi de Pologne

- Louis de France (1729-1765)
  - **LOUIS XVI** (1754-1793), roi de France de 1774 à 1792 — ép. en 1770 Marie-Antoinette (1755-1793), fille de l'empereur allemand
    - Louis (XVII) 1785-1795
  - **LOUIS XVIII** (1755-1824), roi de France de 1814 à 1815 et de 1815 à 1824 — ép. en 1771 Marie-Josèphe de Savoie (1753-1810)
  - **CHARLES X** (1757-1836), roi de France de 1824 à 1830 — ép. en 1773 Marie-Thérèse (1756-1805), fille du roi de Sardaigne

Louis XV, 1710-1774. ▲

Louis XVIII, 1755-1824. ▲

Henri IV (1553-1610)
Roi de Navarre (1572-1610), roi de France (1589-1610)

Roi de Navarre en 1572, il est marié la même année à Marguerite de Valois, sœur du roi Charles IX, en signe de conciliation entre catholiques et protestants. Il échappe six jours plus tard au massacre de la Saint-Barthélémy, au prix d'une conversion forcée. En 1576, Henri de Navarre s'enfuit de la cour, abjure le catholicisme et prend la tête de l'armée protestante. Il combat contre les catholiques pendant plusieurs années. A la mort du dernier fils d'Henri II (1584), il devient l'héritier présomptif de la couronne. Après l'assassinat d'Henri III en 1589, Henri IV devient roi de France ; son premier but est de conquérir son royaume. Il doit lutter contre les Ligueurs et leur allié Philippe II d'Espagne. Pour se faire reconnaître par tous les Français, il finit par abjurer le protestantisme (1593) et se fait sacrer à Chartres (1594). Il peut ainsi faire son entrée dans Paris. Il doit cependant continuer à lutter contre les derniers Ligueurs, dont il obtient la soumission, et contre Philippe II d'Espagne. Henri IV est vainqueur à Fontaine-Française (1595) mais les combats dans le nord de la France durent jusqu'en 1598. Les deux rois signent alors le traité de Vervins, qui ramène la paix entre la France et l'Espagne. La même année, Henri IV procure la paix religieuse au pays par l'édit de Nantes. S'ouvre alors une période de restauration de l'autorité monarchique. Le roi montre son autorité, en s'abstenant de réunir les États généraux, en réduisant les prétentions des parlements, en réprimant durement toute tentative de révolte nobiliaire. Pour s'attacher les officiers, il promulgue l'édit de la Paulette, qui rend les charges vénales et héréditaires (1604). L'œuvre de redressement de la France touche aussi le domaine économique et financier grâce à la politique du ministre Sully. Il encourage enfin la conquête coloniale du Canada, où Champlain fonde la ville de Québec (1608). Au point de vue extérieur, cette seconde partie du règne n'est marquée que par une courte guerre contre le duc de Savoie (1600), dont la France sort vainqueur et qui lui donne la Bresse, le Bugey, le Valromey et le pays de Gex. En 1610, Henri IV est assassiné par un fanatique, Ravaillac.

Louis XIV le Grand (1638-1715) - Roi de France (1643-1715)

Successeur de Louis XIII en 1643, Louis XIV n'a que cinq ans et sa mère Anne d'Autriche devient régente jusqu'en 1651. En fait, c'est Mazarin qui gouverne jusqu'en 1661. Il met fin à la guerre contre l'Empire allemand par les traités de Westphalie (1648). Sa politique autoritaire conduit dès 1648 à une levée d'opposition, c'est la Fronde, dernière manifestation brutale de contestation armée de l'autorité royale. D'abord révolte des parlementaires à Paris, la Fronde devient révolte des princes en 1650. Le cardinal en sort finalement vainqueur (1653) mais cette crise est à l'origine d'une guerre contre l'Espagne. Elle se clôt par la signature du traité des Pyrénées (1659), qui donne à la France le Roussillon, la Cerdagne, l'Artois et de nombreuses places en Flandre. À la mort de Mazarin, Louis XIV hérite d'un pays pacifié, de finances redressées et d'un pouvoir royal renforcé. Son règne personnel commence désormais et, d'une durée de 54 ans, marque l'histoire de France de son empreinte.

Louis XIV annonce qu'il entend gouverner seul, destitue Fouquet et s'entoure de ministres qui ne sont que des exécutants. La noblesse est totalement annihilée et exclue des affaires politiques, surtout après l'installation de la Cour à Versailles (1682). Le rôle des parlements est réduit, les États généraux ne sont jamais réunis et la centralisation administrative se renforce avec les intendants. Se développe alors le culte de la majesté royale, le "Roi-Soleil", s'appuyant sur les théories de la monarchie de droit divin. Grâce à un essor économique important et à un enrichissement du pays, disposant de l'armée la plus forte d'Europe, Louis XIV se lance dans une politique extérieure agressive, qui aboutit à quatre guerres. La guerre de Dévolution (1667-1668) contre l'Espagne aboutit à la conquête de places fortes en Flandre, dont Lille. La guerre de Hollande (1672-1678) marquée par l'invasion des Pays-Bas dégénère en coalition contre la France mais lui permet d'acquérir, aux traités de Nimègue, la Franche-Comté et l'Artois. La politique de "réunions" opérées par Louis XIV en pleine paix (Strasbourg en 1681) entraîne la guerre de la Ligue d'Augsbourg (1688-1697), dans laquelle la France tient difficilement tête à ses adversaires. Lors de la dernière guerre, de Succession d'Espagne (1701-1714), la France connaît de graves défaites. La victoire de Denain (1712) permet un ultime sursaut et la conclusion de la paix. La France sort de ces nombreuses guerres ruinée et appauvrie. En matière religieuse, Louis XIV se comporte en chef de l'Église de France, s'opposant au pape, persécutant les jansénistes et surtout les protestants, ce qui aboutit à la révocation de l'Édit de Nantes (1685) et à l'émigration de milliers d'entre eux. Dans le domaine culturel, Louis XIV joue le rôle de mécène, les lettres et les arts s'épanouissent grâce à la protection qu'accorde le roi à de nombreux artistes, à la création d'Académies et aux nombreuses constructions entreprises. Marié à Marie-Thérèse, qu'il délaisse rapidement, Louis XIV a de nombreuses maîtresses et de nombreux enfants, qu'il fait légitimer. Après la mort de la reine en 1683, le roi se remarie secrètement avec Mme de Maintenon.

Façade de Versailles donnant sur les jardins, terminée par Jules Hardouin-Mansart en 1689, Yvelines.

La Révolution et l'Empire

Révolution française

1789 : 5 mai, réunion des États généraux à Versailles ; serment du Jeu de paume (20 juin).
14 juillet, prise de la Bastille par le peuple parisien.
Juillet-août, la "grande peur" dans les campagnes.
4 août, l'Assemblée constituante abolit les privilèges, "nuit du 4 août".
26 août, vote de la Déclaration des droits de l'homme et du citoyen.

1790 : création des départements. Vote de la Constitution civile du clergé.

1791 : 20-21 juin, fuite de la famille royale rattrapée à Varennes.
1er octobre, établissement d'une monarchie constitutionnelle avec Louis XVI.

1792 : 20 avril, la France déclare la guerre à l'Autriche.
10 août, chute de Louis XVI. La République est proclamée le 21 septembre.
20 septembre, victoire de Valmy.

1793 : 21 janvier, exécution du roi Louis XVI.
Février-mars, formation de la première coalition contre la France.
10 mars, soulèvement de la Vendée (▷ mars 1796). Création du Tribunal révolutionnaire.
31 mai-2 juin, chute des Girondins, les Montagnards au pouvoir.
13 juillet, assassinat de Marat par Charlotte Corday.

1794 : 5 avril, exécution de Danton.
Juin, "dictature" de Robespierre. Il est renversé et exécuté le 28 juillet.
26 juin, victoire de Fleurus sur les Autrichiens.

1795 : 26 octobre, débuts du régime du Directoire.
Conquête de la Hollande par les Français et annexion de la Belgique.

1796-1797 : campagne d'Italie de Bonaparte (victoires d'Arcole et de Rivoli).
Traité de Campo-Formio avec l'Autriche (1797).

1798 : janvier-février, prise de Rome par les Français et création de la République romaine.
Juillet, début de l'expédition d'Égypte de Bonaparte (▷ août 1799).
5 septembre, loi Jourdan sur la conscription.
Septembre, formation de la deuxième coalition contre la France.

Consulat

1799 : 9-10 novembre, coup d'État de Bonaparte, qui devient Premier consul.
Il se proclame Consul à vie le 4 août 1802.

1800 : 13 février, création de la Banque de France.
17 février, création des préfets.
14 juin, victoire de Marengo sur les Autrichiens, qui signent le traité de Lunéville en 1801.

1801 : signature du Concordat entre Bonaparte et le pape Pie VII.

1802 : signature du traité d'Amiens avec l'Angleterre ; paix générale (▷ mai 1803).
Réorganisation de l'enseignement secondaire, création des lycées.
Création de la Légion d'honneur.

1803 : 28 mars, création du Franc germinal.

Château de Malmaison, Rueil-Malmaison, Hauts-de-Seine. ▼

La dynastie des Bonaparte

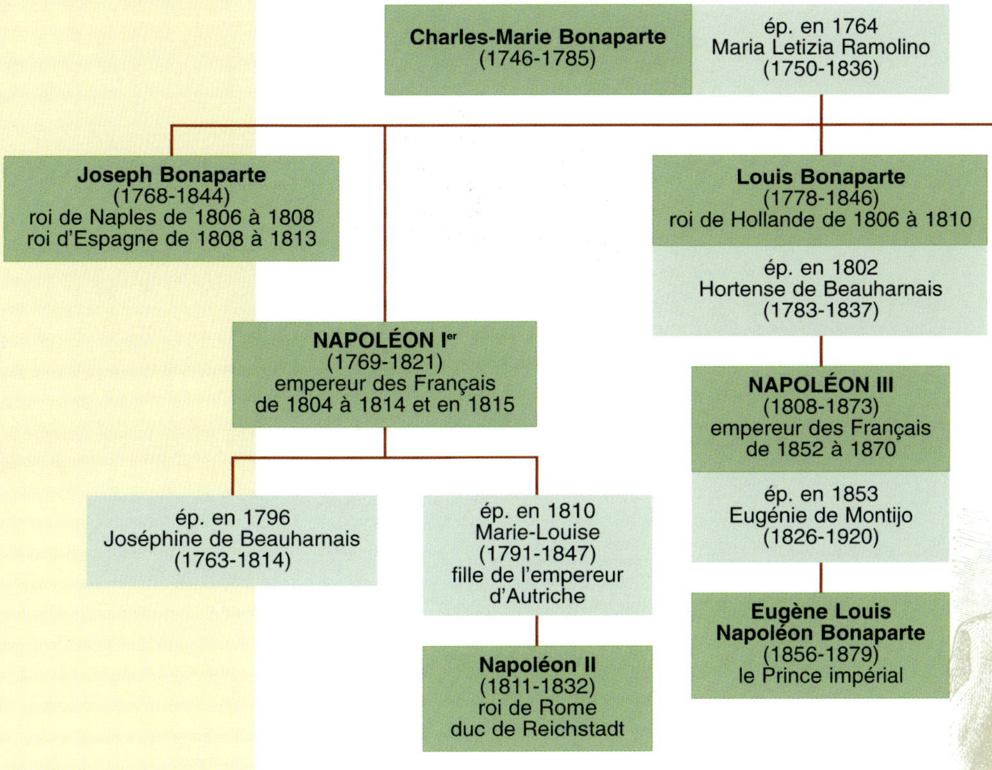

Napoléon Bonaparte, 1769-1821. ▶

Empire

1804 : promulgation du Code civil.
18 mai, établissement de l'Empire ; Bonaparte devient Napoléon Ier.

1805 : formation de la troisième coalition contre la France (défaite de Trafalgar le 21 octobre, victoire d'Austerlitz le 2 décembre).

1806 : formation de la quatrième coalition contre la France (victoires d'Iéna et d'Auerstadt le 14 octobre ; victoires d'Eylau le 8 février 1807 et de Friedland le 14 juin 1807).
Mise en place du blocus continental.

1807 : traités de Tilsitt avec la Russie.
Début de la conquête du Portugal par les Français. Ils évacuent le pays en 1811.

1808 : Joseph Bonaparte roi d'Espagne ; soulèvement du pays (▷ 1813).

1809 : formation de la cinquième coalition contre la France (victoires d'Eckmühl le 22 avril et de Wagram le 6 juillet).
16 décembre, divorce de Napoléon Ier et de Joséphine de Beauharnais.
Il se remarie avec Marie-Louise d'Autriche le 2 avril 1810.

1810 : promulgation du Code pénal.
Annexion de la Hollande à la France.

1812 : campagne de Russie de Napoléon Ier ; désastre de la Bérézina.

1813 : formation de la sixième coalition contre la France (défaite de Leipzig le 19 octobre).

1814 : invasion de la Francc. Napoléon Ier abdique le 6 avril. Louis XVIII devient roi de France.

1815 : retour de Napoléon Ier au pouvoir ; période des "Cent-jours" (20 mars-22 juin).
Défaite de Waterloo le 18 juin et seconde abdication. Exil à Sainte-Hélène.

Portrait de Napoléon Bonaparte. ▲

Détail de la fontaine du Palmier, Paris. ▲

Napoléon Ier (1769-1821) - Empereur des Français (1804-1814 et 1815)

D'origine corse, Napoléon Bonaparte entreprend des études militaires puis intègre l'armée révolutionnaire. Après s'être distingué à plusieurs reprises entre 1793 et 1795, il reçoit la direction de la campagne d'Italie au cours de laquelle il se révèle un grand homme de guerre face aux Autrichiens (1796-1797). L'expédition d'Egypte achève de parfaire sa popularité (1798-1799). En octobre 1799, il revient en France, où le Directoire se débat dans d'énormes difficultés. Bonaparte organise avec Sieyès un coup d'Etat (novembre 1799) et instaure le Consulat. Investi de grands pouvoirs, il accomplit une œuvre importante de pacification et de réorganisation du pays (signature du Concordat, création des préfets, de la Banque de France et du Franc germinal, promulgation du Code civil). A l'extérieur, les guerres lancées par les révolutionnaires continuent ; Bonaparte réussit à rétablir une paix générale en 1802. Il en profite pour renforcer son pouvoir en se faisant nommer consul à vie (août 1802) avant de transformer le régime en Empire (18 mai 1804) ; il devient empereur des Français sous le nom de Napoléon Ier. C'est le retour à un régime monarchique héréditaire et de plus en plus autoritaire (suppression des libertés, assemblées sans aucun pouvoir, enseignement contrôlé). La population ne réagit pas, surveillée étroitement par une police omniprésente. Napoléon Ier est cependant soutenu par les Français tant qu'il remporte des victoires militaires. Il vient à bout de la troisième coalition grâce à la victoire d'Austerlitz sur l'Autriche (1805). Contre la quatrième coalition, Napoléon vainc la Prusse (1806) puis la Russie qui doit accepter l'alliance française (traité de Tilsitt, 1807). L'Angleterre reste seule en guerre ; contre elle et pour l'asphyxier économiquement, Napoléon instaure le Blocus continental (1806), ce qui l'oblige à envahir l'Espagne et le Portugal (1807-1808). Devant les difficultés éprouvées par les Français dans la péninsule ibérique, l'Autriche reprend les armes ; elle est vaincue à Wagram (1809) et doit s'allier à la France. L'annexion de la Hollande en 1810 et du nord de l'Allemagne en 1811 donne au pays une extension territoriale jamais atteinte. C'est l'apogée de l'Empire napoléonien. Cependant, l'absence de libertés et les conséquences économiques et financières nées de la guerre finissent par créer un mécontentement général. En Europe, les pays vaincus commencent à relever la tête. En 1812, c'est la rupture avec la Russie et Napoléon se lance dans une nouvelle campagne qui se transforme en véritable débâcle avec le passage de la Bérézina. Cette défaite soulève tous les pays européens contre la France ; une sixième coalition est formée (1813), Napoléon obtient d'abord des victoires, mais est défait à Leipzig, ce qui entraîne l'invasion de la France. Les coalisés sont à Paris en mars 1814 et l'empereur doit abdiquer. Il est relégué à l'île d'Elbe, alors que Louis XVIII monte sur le trône de France. Moins d'un an plus tard, Napoléon revient par surprise en France et reprend le pouvoir (les Cent-Jours). Les puissances européennes reforment alors une coalition, qui aboutit à la défaite française de Waterloo (1815). Napoléon Ier abdique une seconde fois et les Anglais le déportent à Sainte-Hélène, où il meurt en 1821.

De 1815 à 1914

Restauration

1815 : le roi Louis XVIII remonte sur le trône. Élection de la "Chambre introuvable".
1820 : assassinat du duc de Berry, neveu du roi Louis XVIII. Vote de lois restreignant la liberté individuelle, la liberté de la presse et le suffrage universel.
1822 : exécution des "quatre sergents de La Rochelle", pour complot.
1824 : mort du roi Louis XVIII. Son frère Charles X lui succède.
1825 : la Chambre vote la loi du "milliard des émigrés".
1827 : victoire des opposants au gouvernement lors des élections législatives.
1828 : loi libérale sur la presse.

Monarchie de Juillet

1830 : révolution à Paris, les "Trois Glorieuses" (27-28-29 juillet) ; le roi Charles X abdique. Louis-Philippe Ier devient roi des Français. Prise d'Alger par les Français.
1831 : révolte des canuts lyonnais.
v. 1840 : début de la Révolution industrielle.

IIe République

1848 : révolution à Paris (22-24 février) ; abdication du roi Louis-Philippe Ier et proclamation de la République. Rétablissement de la liberté d'expression et du suffrage universel. Limitation de la journée de travail. Abolition de l'esclavage aux colonies. 10 décembre, Louis-Napoléon Bonaparte est élu président de la République.
1850 : vote de la loi Falloux sur l'enseignement.
1851 : 2 décembre, coup d'État de Louis-Napoléon Bonaparte.

Second Empire

1852 : 2 décembre, proclamation de l'Empire, Louis-Napoléon Bonaparte devient Napoléon III.
1853 : le baron Haussmann est nommé préfet de la Seine.
1854-1856 : guerre de Crimée contre la Russie pour soutenir l'Empire ottoman.
1859 : guerre d'Italie contre l'Autriche ; victoires françaises à Magenta et à Solférino.
1860 : signature d'un traité de libre-échange avec la Grande-Bretagne. Rattachement de la Savoie et Nice à la France.
1862 : expédition française au Mexique (▷ 1867).
1864 : loi autorisant la coalition des ouvriers et accordant le droit de grève.

Louis XVIII présente en 1820 son petit neveu, le duc de Bordeaux, fils du duc de Berry, assassiné quelques mois auparavant. Château de Chambord, Loir-et-Cher. ▶

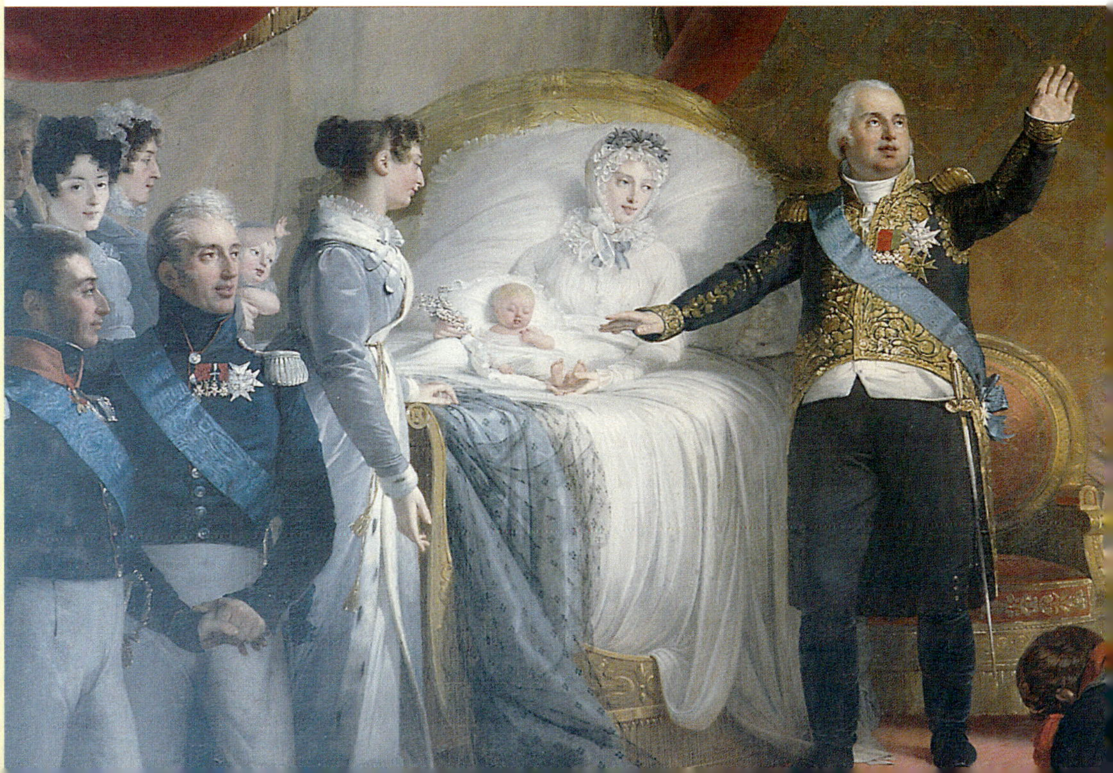

Second Empire

IIIe République

1868	:	loi Niel sur la réorganisation de l'armée. Loi libérale sur la presse. Loi accordant la liberté de réunion.
1870	:	21 mai, Napoléon III instaure l'Empire libéral. Juillet, déclenchement de la guerre contre la Prusse ; défaites françaises en août. Napoléon III capitule. La République est proclamée le 4 septembre.
1871	:	17 février, Thiers devient chef du pouvoir exécutif puis président de la République le 31 août. Mars-mai, Commune de Paris. 10 mai, traité de Francfort avec la Prusse, la France perd l'Alsace-Lorraine.
1872	:	loi sur le recrutement militaire, qui pose le principe d'un service militaire obligatoire de cinq ans.
1873	:	démission de Thiers. Le maréchal de Mac-Mahon est élu président de la République. Échec d'une tentative de restauration monarchique avec le comte de Chambord.
v. 1873-1896	:	"grande dépression", période de crise économique et sociale.
1875	:	vote de lois constitutionnelles établissant la troisième République.
1879	:	démission de Mac-Mahon. Jules Grévy est élu président de la République.
1879-1882	:	vote de lois mettant en place un enseignement laïque et obligatoire.
1884	:	loi Waldeck-Rousseau autorisant les syndicats professionnels.
1888-1889	:	crise boulangiste.
1889	:	Exposition universelle à Paris. Construction de la Tour Eiffel.
1894	:	début de l'affaire Dreyfus. Il est grâcié en 1899.
1899	:	formation du gouvernement Waldeck-Rousseau de "défense républicaine".
1901	:	vote d'une loi sur les associations.
1902	:	élections législatives, victoire du bloc des gauches. É Combes mène une politique anticléricale.
1905	:	loi de séparation de l'Église et de l'État.
1906	:	G. Clémenceau devient chef du gouvernement.
1911	:	crise franco-allemande sur le Maroc.
1914	:	28 juin, assassinat à Sarajevo de l'héritier du trône d'Autriche-Hongrie François-Ferdinand. 31 juillet, assassinat de J. Jaurès.

Palais du Trocadéro construit par Davioud à la fin du XIXe siècle et remplacé en 1937 par le Palais de Chaillot, Paris. ▼

Depuis 1914

La gare de l'Est au début du XXe siècle, Paris. ▸

IIIe République

1914 : 3 août, début de la Première guerre mondiale. Guerre de tranchées à partir de novembre.

1916 : février-juin, bataille de Verdun.

1917 : 2 avril, entrée en guerre des États-Unis.
15 mai, Pétain devient chef des armées françaises. Il met fin aux mutineries.
16 novembre, formation du gouvernement Clémenceau.

1918 : 26 mars, Foch devient commandant en chef des forces alliées.
11 novembre, signature de l'armistice à Rethondes, fin de la Première guerre mondiale.

1919 : 28 juin, signature du traité de Versailles avec l'Allemagne.

1920 : décembre, création du Parti communiste.

1924 : mai, gouvernement Herriot, crise financière et spéculation contre le franc.

1926 : juillet, Poincaré devient président du Conseil et stabilise le franc.

1931 : la France est touchée par la crise économique mondiale.

1934 : janvier, climat d'antiparlementarisme suite à l'affaire Stavisky. L'émeute du 6 février entraîne la formation du gouvernement Doumergue d'"Union nationale".

1936 : avril-mai, élections législatives, victoire du Front populaire. Blum devient chef du gouvernement. Vote de lois sociales (congés payés, semaine de 40 h.).

1938 : 29-30 septembre, le chef du gouvernement Daladier signe les accords de Munich avec Hitler.

1939 : 3 septembre, début de la Seconde guerre mondiale.

1940 : 10 mai, invasion allemande. Défaites françaises, Pétain signe l'armistice le 22 juin.
18 juin, appel du général de Gaulle de Londres en faveur de la résistance.
10 juillet, début du régime de Vichy avec le maréchal Pétain.
3 octobre, le régime de Vichy promulgue la loi sur le statut des Juifs.

1941 : création de la Légion des Volontaires Français (L.V.F.) contre le bolchevisme.

1942 : 16-17 juillet, rafle du "Vel d'hiv" à Paris.
8 novembre, débarquement allié en Afrique du nord. Invasion de la zone libre par les Allemands.

1943 : 30 janvier, création de la Milice.
16 février, institution du Service du travail obligatoire (S.T.O.).
27 mai, J. Moulin crée le Conseil national de la résistance (C.N.R.).

Palais de Chaillot construit pour l'Exposition Universelle de 1937, Paris. ▲

IVe République

1944 : 6 juin, débarquement allié en Normandie. Nouveau débarquement en Provence le 15 août.
10 juin, massacre d'Oradour-sur-Glane par les Allemands.
25 août, libération de Paris. De Gaulle s'installe au pouvoir.
5 octobre, droit de vote accordé aux Françaises.

1944-1946 : nationalisations d'entreprises dans plusieurs secteurs de l'économie.

1945 : 8 mai, capitulation allemande, fin de la Seconde guerre mondiale.

1946 : 20 janvier, démission du général de Gaulle de la tête du gouvernement provisoire.

1947 : janvier, début de la quatrième République. V. Auriol est élu président de la République.
Juin, la France accepte le plan américain Marshall.

1949 : la France adhère à l'O.T.A.N..

1951 : 18 avril, traité de Paris créant la Communauté européenne du charbon et de l'acier (C.E.C.A.).

1953 : 23 décembre, R. Coty est élu président de la République.

1954 : 7 mai, défaite française à Dien Bien Phu. Indépendance de l'Indochine (21 juillet).
17 juin, formation du gouvernement de P. Mendès-France.
1er novembre, début de l'insurrection algérienne.

1956 : 2 janvier, élections législatives, victoire du "Front républicain". G. Mollet, chef du gouvernement.
Mars, indépendances du Maroc et de la Tunisie.
Novembre-décembre, intervention militaire franco-anglaise à Suez.

1957 : 25 mars, traité de Rome créant la Communauté économique européenne (C.E.E.).

1958 : 13 mai, prise du pouvoir à Alger par les militaires. De Gaulle, président du Conseil le 31 mai.

Ve République

1959 : 8 janvier, de Gaulle président de la République. Début de la cinquième République.

1960 : 1er janvier, entrée en vigueur du nouveau franc.
Janvier-novembre, proclamation de l'indépendance de 14 colonies françaises d'Afrique.
13 février, première explosion atomique française à Reggane, au Sahara.

1961 : avril, "putsch des généraux" à Alger.

1962 : 18 mars, accords d'Évian. L'Algérie devient indépendante le 3 juillet. Exode des pieds-noirs.
22 août, attentat du Petit-Clamart contre de Gaulle.
28 octobre, approbation par référendum du projet d'élection du président de la République au suffrage universel.

1965 : décembre, réélection de de Gaulle.

1966 : juillet, retrait de la France de l'O.T.A.N..

1968 : mai, crise étudiante et sociale.

1969 : avril, de Gaulle démissionne après l'échec de son référendum. Pompidou lui succède en juin.
1973 : premier "choc pétrolier". Début d'une crise économique en 1974.
1974 : 2 avril, mort du président Pompidou. Giscard d'Estaing est élu en mai.
Juin, vote de l'abaissement de l'âge de la majorité civile à 18 ans.
1975 : 17 janvier, promulgation de la loi autorisant l'interruption volontaire de grossesse (loi Veil).
1979 : mars, entrée en vigueur du Système monétaire européen (S.M.E.).
24 décembre, premier lancement de la fusée européenne Ariane.
Début du deuxième "choc pétrolier". Dégradation de la situation économique.
1981 : 10 mai, Mitterrand est élu président de la République. Le gouvernement de gauche adopte de nombreuses lois sociales (retraite à 60 ans, semaine de 39 h., 5e semaine de congés payés), entreprend des nationalisations économiques et fait voter des mesures de décentralisation.
Septembre, le Parlement vote l'abolition de la peine de mort.
1986 : janvier-mars, chute des prix du pétrole, début du "contre-choc pétrolier".
16 mars, élections législatives, victoire de la droite. Chirac, Premier ministre.
1988 : 8 mai, réélection du président Mitterrand.
12 octobre, vote de la loi créant un Revenu minimum d'insertion (R.M.I.).
1991 : 17 janvier-28 février, participation militaire française à la guerre du Golfe.
Octobre-novembre, début du scandale du sang contaminé en 1985 par le virus du sida.
1992 : 20 septembre, approbation par référendum du traité de Maastricht.
1993 : 1er janvier, entrée en vigueur du marché unique européen entre les douze pays de la C.E.E.
Mars, élections législatives, victoire de la droite. Balladur, Premier ministre.
1er novembre, entrée en vigueur du traité de Maastricht.
1995 : 7 mai, Chirac est élu président de la République.
1996 : 28 mai, le président Chirac annonce la suppression du service militaire en 1997.
1997 : mai-juin, élections législatives anticipées, victoire de la gauche. Jospin, Premier ministre.
8 octobre, procès Papon, poursuivi pour crimes contre l'humanité.
1998 : 17 mars, promulgation de la loi réformant l'accès à la nationalité.
8 avril, adoption définitive du projet de loi sur l'entrée et le séjour des étrangers.
19 mai, le projet de loi abaissant la durée légale du temps de travail à 35 heures est adopté.
1999 : 1er janvier, entrée en vigueur de la monnaie unique européenne, l'Euro,
24 mars-10 juin, participation française à l'intervention militaire de l'O.T.A.N. au Kosovo.
26-28 décembre, deux violentes tempêtes ravagent le pays.

6 juin 1944, débarquement allié en Normandie. Il fallut des combats difficiles pour obtenir la capitulation des forces allemandes. ▼

Le radôme de Pleumeur-Bodou où eu lieu la première liaison de télévision intercontinentale par satellite le 11 juillet 1962, Côtes-d'Armor.

Charles de Gaulle (1890-1970) - Général et homme politique.

Après des études militaires à Saint-Cyr, de Gaulle participe à la Première guerre mondiale. Dans l'entre-deux-guerres, il rejoint le cabinet de Pétain au Conseil supérieur de la guerre (1925-1927) puis est nommé au secrétariat du Conseil supérieur de la défense nationale (1931-1938). Théoricien militaire, de Gaulle publie de nombreux ouvrages, qui font de lui le partisan de la guerre de mouvement. Lors de l'invasion allemande de 1940, après quelques combats victorieux, il est nommé par le chef du gouvernement Reynaud sous-secrétaire d'État à la Défense nationale. Partisan de la poursuite de la guerre, il s'oppose aux partisans de l'armistice et après la constitution du cabinet Pétain, il quitte la France pour Londres, d'où il lance un appel à la résistance (18 juin). De Gaulle organise alors la « France libre », reçoit le soutien de soldats français, rallie les colonies africaines et recrée une armée. Il noue des contacts avec la résistance intérieure grâce à Jean Moulin, qui crée le Conseil national de la Résistance (1943). De Gaulle fonde en juin 1944 le Gouvernement provisoire de la République française. Après le débarquement allié en Normandie et la libération de la France, il s'installe à Paris (août 1944) et accède au pouvoir. Il entreprend la reconstruction du pays mais entre rapidement en conflit avec les partis politiques sur les futures institutions et il démissionne en janvier 1946. Il s'oppose alors à la IVe République, fonde le R.P.F. (1947) mais celui-ci ne peut s'imposer comme une force d'opposition. C'est pour de Gaulle la "traversée du désert".

La crise algérienne permet son retour au pouvoir. Après le putsch d'Alger (13 mai 1958), il apparaît comme le seul capable de rétablir la situation. Devenu président du Conseil, il obtient les pleins pouvoirs pour faire une nouvelle Constitution. De Gaulle fonde alors la Ve République dont il devient le premier président (1959-1969). Doté de pouvoirs importants, il marque de son empreinte la vie politique française. Il donne la priorité à l'assainissement économique en lançant le plan Pinay-Rueff, puis en engageant des réformes structurelles, permettant la forte croissance économique des années 1960. Il règle les problèmes coloniaux en accordant l'indépendance aux pays d'Afrique noire (1960) puis à l'issue d'un processus délicat et controversé à l'Algérie (1962). En politique extérieure, de Gaulle fait de l'indépendance nationale son credo, ce qui l'amène à s'opposer aux États-Unis (retrait de l'O.T.A.N. en 1966), à la C.E.E. et à se rapprocher du bloc communiste et du tiers-monde. Après avoir modifié la Constitution (1962) afin d'instaurer l'élection du président de la République au suffrage universel, de Gaulle est réélu en 1965 mais le déclin du gaullisme a commencé. Sa majorité ne gagne que de justesse les élections législatives de 1967 ; sa longévité, son âge avancé et ses manières autoritaires commencent à lasser ; des difficultés sociales, économiques et financières se manifestent. Ce rejet du gaullisme se cristallise lors des événements de mai 1968, révolte étudiante, mouvement social et crise politique. Même si de Gaulle parvient à redresser la situation, son pouvoir paraît ébranlé. Voulant reprendre l'avantage, il organise un référendum sur la réforme du Sénat et la régionalisation ; son résultat négatif entraîne sa démission (1969).

© Avril 2001, Éditions Jean-Paul Gisserot - Imprimé et façonné par Pollina à Luçon n° L96235 - Photogravure d'Aquitaine à Bordeaux - Imprimé en France